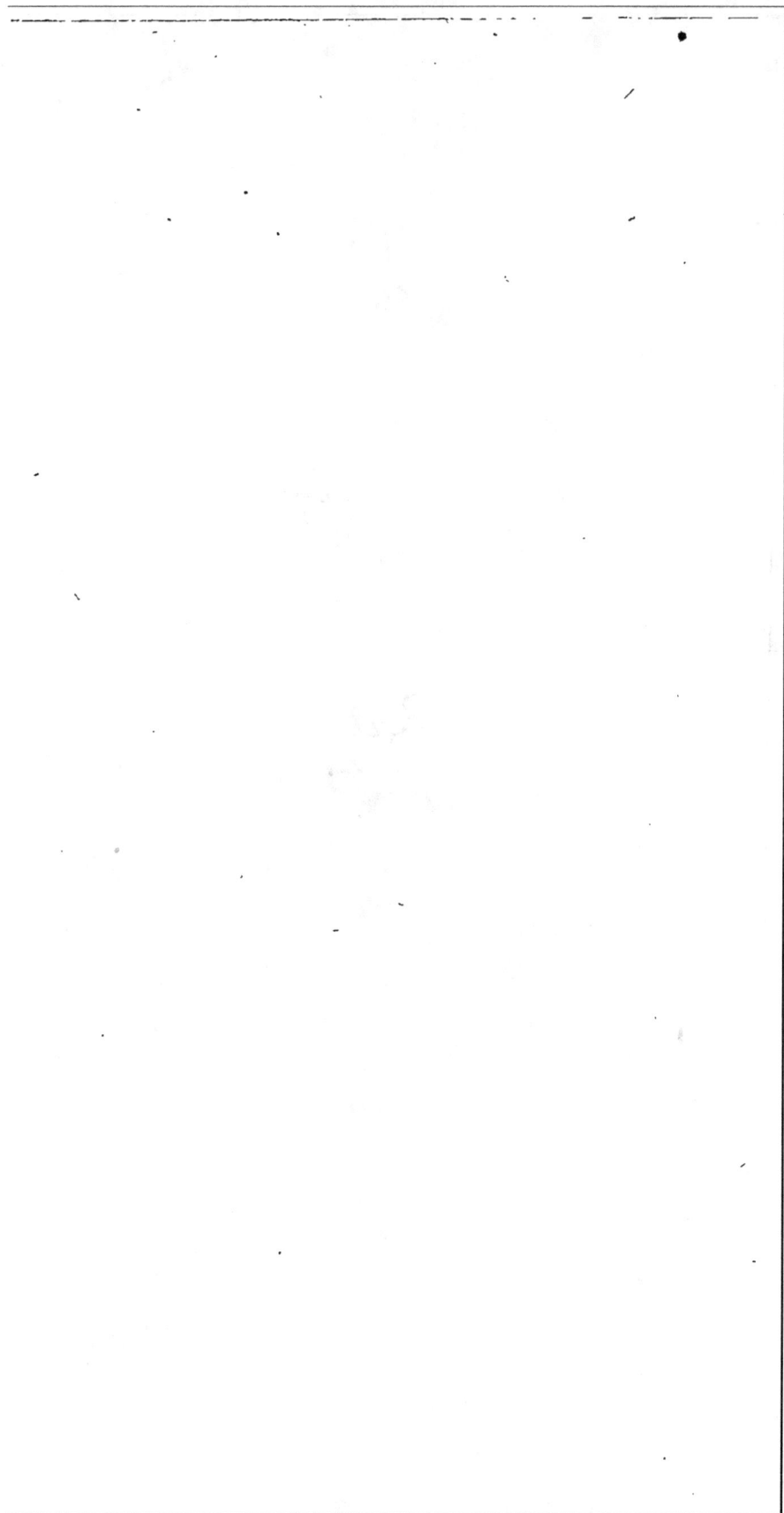

À conserver

Fougeret de Monbron

R 2806
A

18670

LE
COSMOPOLITE

OU

LE CITOYEN

DU

MONDE,

Par Mr. DE MONBRON.

Patria est ubicunque est bene. *Cic. 5. Tuscul.* 37.

A LONDRES.

M. DCC. LIII.

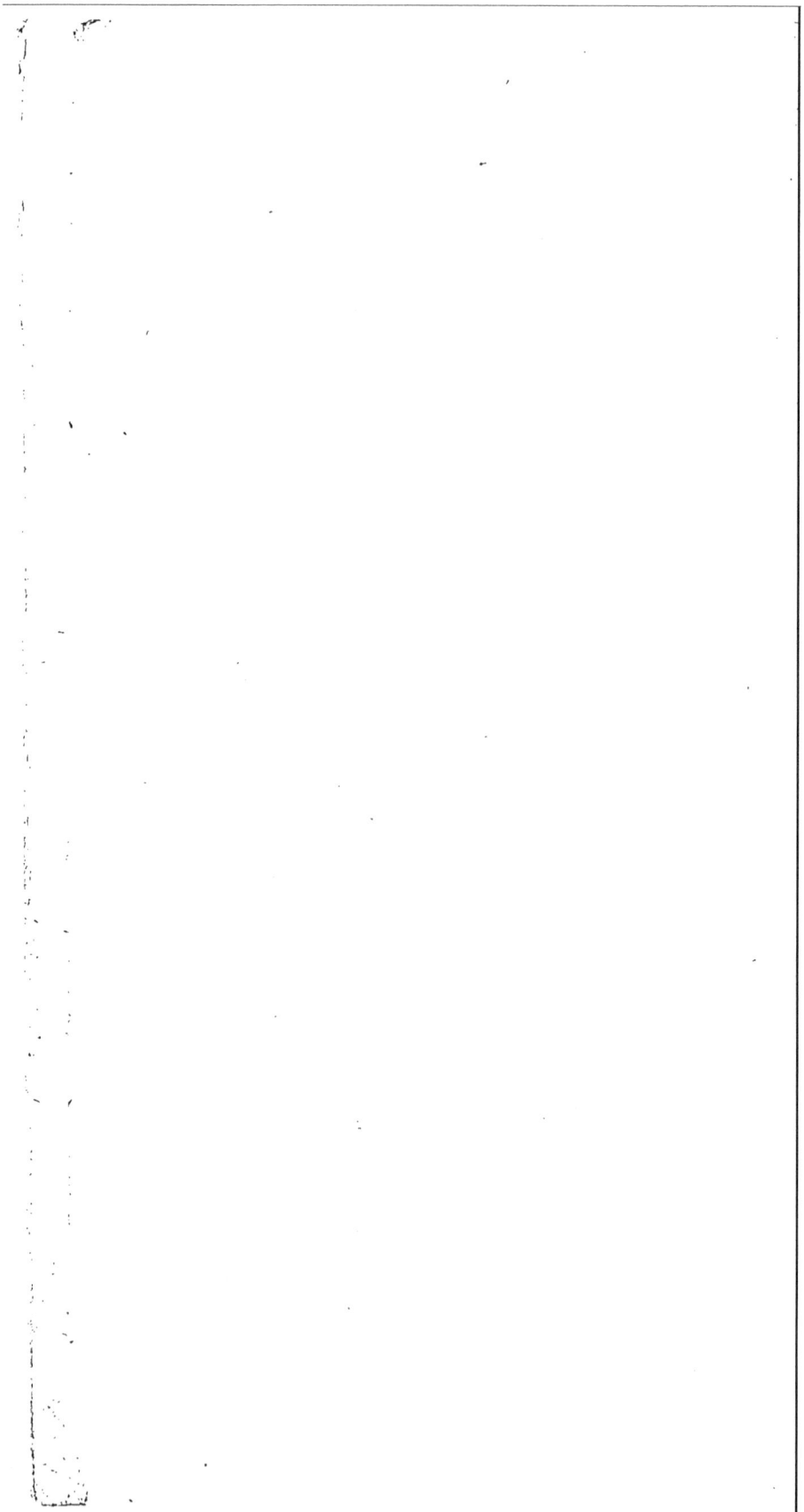

REMARQUES.

Page 6. ligne 3.

Mr. de Maupertuis, grand Mathématicien & petit Auteur. Il a reffufcité à Berlin une Vénus Phifique, qu'il enfanta jadis, & qui mourut dès fa naiffance.

Page 45. ligne 21.

L'Abbé de Bois-morant, Exjéfuite, Joueur de profeffion, honnête homme d'ailleurs & très-bon Ecrivain.

Page 120. *ligne* 11.

Mr. le Marquis de Valori, Envoyé de France.

Page 121. *ligne* 4.

Mr. d'Argens, auffi plat & dégoutant Barbouilleur de papier que hardi Plagiaire. Il a plus écrit lui feul que douze bons Auteurs.

Page 128. *ligne* 20.

Le Maréchal de Noailles.

Page 130. *ligne* 21.

Le Chevalier de Mouhi, très-connu dans la république des Lettres par quantité de pitoyables Ouvrages dont il a enrichi le Public.

Page 152. *ligne* 20.

Mr. de Chavigny, le plus profond Génie négociateur de la France, peut-être même de l'Europe.

Page 158. *ligne* 10.

L'Abbé d'Alinval. Il s'eſt aquis quelque réputation dans le monde par quatre ou cinq petites Piéces de Théâtre au-deſſous du ſiflet.

Page 158. *ligne* 16.

Nicolas ou Blaiſe Berryer, qui s'eſt établi un renom immortel par le fameux Proſtibule de Made. Paris, dont il ſe déclara le Souteneur & le Protecteur, pour le ſoulagement des Etrangers.

Page 160. *ligne* 11.

Le Commiſſaire Rochebrune, l'un des plus adroits Coquins de ſa robe, pour nuire aux honnêtes gens.

E R R A T A.

Page 91. *ligne* 12. Romanie, *liſez* Romagne.

LE

LE
COSMOPOLITE
OU
LE CITOYEN
DU MONDE.

'UNIVERS eſt une eſpéce
de Livre dont on n'a lu que
la premiére page, quand on
n'a vu que ſon Pays. J'en ai
feuilleté un aſſez grand nombre que j'ai
trouvées preſqu'également mauvaiſes.
Cet examen ne m'a point été infruc-
tueux. Je haïſſois ma Patrie. Toutes les
impertinences des Peuples divers parmi leſquels j'ai vêcu, m'ont reconcilié
avec elle. Quand je n'aurois tiré d'au:

tre bénéfice de mes voyages que celui-là, je n'en regretterois ni les fraix,
ni les fatigues.

Chaſſé autrefois de Paris par l'ennui
& la préoccupation, je conçus le déſir
de viſiter les Habitans de la Grande-
Bretagne, dont quelques bilieux en-
thouſiaſtes m'avoient conté des merveilles. Je croyois trouver dans cette
Iſle fameuſe, non-ſeulement l'homme
de Diogène, mais y en trouver par
millions. J'arrivai à Londres enivré de
ce doux eſpoir. Tout m'y parut au premier coup d'œil infiniment au-deſſus de
l'idée qu'on m'en avoit donnée. Chaque Anglois étoit pour moi une divi-
nité. Ses actions, ſes démarches les plus
indifférentes me ſembloient toutes di-
rigées par le bon ſens & la droite raiſon. S'il ouvroit la bouche pour parler, quoique je n'entendiſſe pas un mot
de ce qu'il diſoit, j'étois dans une admiration qui ne ſe peut exprimer. Cependant l'état de mes affaires ne me

permettant point alors de rester dans
ce séjour Angelique, je l'abandonnai,
pénétré des plus vifs regrets, avec la
confolation néanmoins d'y transporter
mes Lares dès que j'en serois le maître.
Cette premiére sortie est l'époque du
gout que j'ai pris depuis à voyager. Je
ne voulus point retourner en France
fans voir la République des Provinces-
Unies. J'avoue que pour quelqu'un qui
n'aime que le spectacle, il n'y a rien en
Europe dont la vue puisse être plus sa-
tisfaite. C'est aussi à quoi se reduisent
presque toutes les observations d'un
curieux; car pour ce qui est des gens
du Pays, ils font si conftanment attachés à leur commerce, qu'ils semblent
avoir renoncé à toute société avec les
humains : l'interêt, dit-on, est leur dieu,
le gain leur volupté, & l'épargne for-
dide leur vertu capitale.

Je revins à Paris tout-à-fait Jacques
Roft-Beef, à la petite perruque près,
n'ofant pas encore mettre cette réfor-

me dans mon ajuſtement, quoique j'y fuſſe encouragé par l'exemple d'un Géométre à la mode, qui avoit rapporté de Londres ce ridicule de plus.*
Enfin, ma manie pour l'Angleterre étoit augmentée au point que tout m'étoit inſupportable en France, même juſqu'à l'air que j'y reſpirois : je regardois les François en pitié, & comme une eſpéce d'animaux uſurpateurs de la qualité d'homme. J'avois alors tant de noir dans l'eſprit, que j'aurois couru grand riſque de commettre un Anglicisme, c'eſt-à-dire, de me pendre ou de me noyer, ſi mon Ange tutelaire ne m'eût inſpiré l'envie de changer de climat pour me diſſiper. Tout bien peſé, ce parti me parut le plus raiſonnable, & j'en profitai.

Nous avions depuis ſept à huit mois à Paris un Ambaſſadeur de la Porte,

---

* Il s'eſt expatrié depuis pour punir ſes confreres de ne lui avoir pas rendu des hommages & des reſpects proportionnés à ſes ſuprêmes talens.

qui étoit à la veille de s'en retourner.
Charmé de trouver une fi belle occafion de me dépayfer, un beau matin je
pris le devant, & m'en fus à Marfeille
attendre Son Excellence. Je m'étois
flatté d'obtenir mon paffage fur l'un des
Vaiffeaux deftinés à le tranfporter avec
fon monde; mais après de vaines follicitations, il fallut me contenter d'un
chétif navire marchand, commandé
par le Capitaine le plus arabe & le plus
taquin que la Provence ait jamais produit. Le barbare me fit obferver pendant tout le trajet un jeûne fi auftére,
que j'en étois devenu prefque diapha-
ne. Cependant le plaifir de voir du
nouveau, me fit prendre mon mal en
patience.

Quiconque poffséde un peu Homè-
re, Virgile & la Mitologie, rencontre
dans ce Voyage mille objets qui piquent
& réveillent fa curiofité. Je goutois une
fatisfaction extrême à confidérer le Lo-
cal de ces terres diverfes qui ont été cé-

lébrées dans les premiers âges par les plus ingénieuses fictions. Quoique je ne visse la plupart du tems que des lieux arides & sabloneux, que des Isles stériles & désertes, je ne pouvois leur refuser mon respect & mon admiration. Je vis à l'entrée de l'Archipel, ce séjour délicieux * où le fils de Vénus tenoit autrefois sa cour, maintenant à peine habité par des hommes. D'un côté je découvris † Itaque & l'Isle de Calipso; de l'autre, le lieu méconnoissable où étoit jadis la fameuse Rivale de Rome; plus loin enfin, le tombeau de l'ancienne

* A présent l'Isle de Serigue, misérable Lapinière sous la domination des Vénitiens.
† Comme je ne veux point encourir la censure des Géographes, j'avertis le Lecteur que les lieux que je cite ici ne sont pas dans l'Archipel. Le Royaume d'Itaque aujourd'hui connu sous le nom de petite Céphalonie, est à l'embouchure de la Mer Adriatique. On croit que l'Isle de Calipso est une petite Isle près de Malte & de sa dépendance qu'on appelle maintenant le Goze. La place où étoit Carthage se voit à deux ou trois lieues de Tunis. Troye est dans le voisinage des Dardanelles, & fait partie de l'Asie Mineure.

Troye. Aux Châteaux de Dardanelles je me rappellai l'Histoire de Léandre & d'Héro. C'est ici, me disois-je à moi-même, qu'habitoit cette aimable Prêtresse de la Mere des Amours ; là, vivoit son Amant infortuné. Après un spectacle si interessant pour ceux qui savent la fable, il s'en offrit un à mes yeux, qui sans l'aide des noms chimériques & merveilleux, se rend assez recommandable par lui-même, & plait universellement. C'est le Canal de Constantinople, qui sépare l'Europe de l'Asie, & présente à droite & à gauche les plus agréables Coteaux jusqu'au Bosphore de Thrace, où l'orgueilleuse Bizance commande aux deux Mers, dont les eaux semblent se disputer l'honneur de baigner ses murs. Il n'est pas possible d'imaginer un plus beau coup d'œil à quelque distance de la Ville. Je n'entrerai néanmoins dans aucun détail à ce sujet, ne voulant point enchérir sur les pompeuses descriptions que maints voyageurs nous en ont laiſſées.

Je débarquai environ huit jours avant
l'arrivée de Zaïde Effendi, & fus loger
chez Mr. Couturier; * car en ce Pays-
là, faute d'Auberges & d'Hôtels gar-
nis, on eſt contraint d'avoir recours à
l'hoſpitalité. Mr. de Caſtelane, alors
Ambaſſadeur de France, étoit à la Campagne. Pendant ſon abſence j'eus occa-
ſion de connoître le Pacha Boneval. Il
me parut qu'il ne démentoit par la qualité d'homme d'eſprit que la renommée
lui donnoit. J'ai très-peu connu de perſonnes qui s'énonçaſſent auſſi bien, &
qui euſſent le don de conter comme lui;
auſſi avoit-il le foible de vouloir être
écouté. Il me dit un jour dans ſa bonne
humeur à propos de la néceſſité où il
avoit été de prendre le Turban, qu'il
avoit troqué ſon chapeau pour un bon-
net de nuit. Quand il ne m'en auroit
pas fait la confidence, je m'en ferois

* Le même, qui venant de Pologne avec l'infortuné Baron de Saint-Clair, le vit aſſaſſiner.

douté. Il y avoit déja quelque tems
qu'il couroit dans le monde une mauvaife rapfodie fous le titre de *Mémoires
de Mr. le Comte de Boneval*. Je lui demandai ce qu'il en penfoit. Il me répondit qu'il avoit eu la patience de lire ce
miférable ouvrage d'un bout à l'autre
fans y avoir trouvé un mot de vrai. Je
puis affurer au moins que quant aux
intrigues galantes qu'on lui attribue,
elles font très-fauffes, & que l'Auteur
ne connoiffoit pas Mr. de Boneval,
car il étoit tout le revers de cela. Quoiqu'il en foit, c'étoit un homme parfaitement aimable, d'un excellent commerce & d'un mérite peu commun. A
l'égard de fa Religion, je n'en dirai
rien, finon que je crois qu'il étoit de
celle des honnêtes gens. Il me parla
fouvent de l'illuftre Rouffeau, fon an-
cien ami, qui avoit été forcé de s'expa-
trier auffi pour fuir la rage & la perfé-
cution de fes envieux. Nous n'oublia-
mes pas non plus Meffieurs de Mornay,

de Ramſay, & l'Abbé Macarti, qui dé-
criés dans Paris, & pourſuivis de leurs
créanciers, étoient venus à Conſtantinople embraſſer la loi de Mahomet;
acte auquel les Turcs, moins ardens &
moins zélés que les Catholiques à groſ-
ſir leur Secte, avoient paru tout-à-fait
indifférens. Je fus en un mot que ces
Meſſieurs, dénués de tout ſecours,
avoient été contraints de faire les mé-
tiers les plus bas pour tâcher de ſubſiſ-
ter, & qu'enfin chacun d'eux tira de
ſon côté; ce à quoi perſonne ne s'op-
poſa. On prétend que Mornay eſt mort
fou ou enragé à Livourne; que Ramſay
a été tué en Ruſſie; & que l'Abbé Macarti, après avoir roulé l'Italie, avoit
paſſé en Hollande, où il étoit maître
d'école. J'ai appris depuis à Lisbonne
qu'il a un petit emploi dans le Portugal.
Pour ce qui eſt de la fin des deux premiers, les dévots ſuperſtitieux ne man-
queront pas de la regarder comme un
effet de la vengeance divine : mais moi

qui ne porte pas de jugemens indiſcrets ſur les deſſeins de la Providence, je ne vois rien de plus naturel que de mourir de façon ou d'autre.

Les Vaiſſeaux du Roi, ſous le commandement de Mrs. de Caïlus & de Glandeveze, furent parfaitement bien reçus à Conſtantinople : la raiſon de cela, c'eſt qu'ils apportoient au Grand-Seigneur de très-riches préſens , & qu'il n'y a point de Cour dans le Monde où l'on ſoit mieux accueilli quand on s'y prend ainſi.

Sa Hauteſſe nous envoya le jour de l'Audience deux cens chevaux ſuperbement caparaçonnés à la maniére du Pays. Ce que je trouvai de plus remarquable dans notre Cavalcade , c'étoit un couple d'infeſts Capucins piaffant, & dont l'orgueil perçant à travers leurs vilains haillons , ſembloit le diſputer à chacun de nous en bonne grace & en dextérité. On fera ſurpris, ſans doute, que ces animaux-là aient fait partie du

Cortége; mais il eft bon de favoir qu'il y a une Capuciniére au Palais de France, & que les Penaillons deffervent la Chapelle de Mr. l'Ambaffadeur en qualité d'Aumôniers. Or, ce fut pour faire valoir ce titre, que la Communauté honora notre marche de deux de fes membres. Comme les Officiers & Gardes-marine, ni les négocians n'étoient guères meilleurs Ecuyers que les Révérends, l'Efcadron arriva en affez mauvais ordre au Serrail. Nous mimes pied à terre dans la premiére cour, & entrames dans la feconde en fi grande confufion, que les Turcs qui occupoient la porte, fe fentant trop preffer, gratifierent plufieurs de nos Meffieurs de maints coups de poing, auxquels on ne crut pas devoir ripofter par refpect pour le Sultan.

Mr. De Caftelane fut revêtu d'une péliffe d'étoffe d'or, doublée de marte zibeline; Mrs. de Caïlus & de Glandeveze & leurs Capitaines en fecond, en

eurent chacun une de drap doublée
d'hermine. Pour ce qui eſt des Subal-
ternes, dont j'avois l'honneur de faire
partie, on leur diſtribua environ une
vingtaine de caftans, & l'on crut m'accorder une très-grande marque de diftinction de m'en donner un. On penſe
bien que les Perès Capucins ne furent
point oubliés. C'étoit une choſe gro-
teſque de voir par-deſſus la ſainte robe
de ces Prédicateurs de Chriſt, la Livrée
de Mahomet.

De crainte que le Lecteur n'ait une
trop haute idée de ces caftans, il eſt bon
de lui dire que ce ſont de grandes ſou-
quenilles faites à peu près comme les
robes de Bedeaux, d'une très-groſſe
toile de fil & coton, à fond blanc, bi-
garé de jaune, & de la valeur environ
de dix-huit livres monoie de France.
Je ne fais cette petite obſervation que
pour montrer juſqu'où va la magnificence des Empereurs Ottomans dans
les cas extraordinaires.

Si j'ufois du privilége que tout voyageur a de mentir, je dirois que je fus introduit dans la Sale d'Audience à la fuite de Monfieur l'Ambaffadeur; mais n'ayant envie d'amufer perfonne aux dépens de la vérité, j'avouerai que qui que ce foit n'y fut admis que les Commandans des Vaiffeaux, dont j'ai fait mention ci-deffus. Nous nous récréames pendant ce tems-là, le refte de la troupe & moi, à voir manger le Pelau* aux Janiffaires, ce qui n'eft guères plus amufant que de voir faire la curée à une meute.

J'efpére qu'on me faura meilleur gré de ce que je peins précifément les chofes telles qu'elles font, que fi j'en impofois aux curieux par des defcriptions empruntées, comme font trop fouvent les faifeurs de voyages, qui à force de débiter des merveilles, s'imaginent eux-mêmes

---

* Sorte de Salmigondis fait avec du ris, du mouton, & de la volaille.

mêmes être des gens merveilleux. Ta-vernier a beau vanter la place de l'Hy-podrôme, je prendrai la liberté de dire que c'eſt un aſſez beau marché aux va-ches. A l'égard de l'Obeliſque de mar-bre granite qu'on y voit, j'avoue que ce ſeroit un très-beau morceau pour qui n'auroit jamais vu que celui-là.

Si le Laconiſme & la ſincérité ſont du gout de ceux qui me feront la grace de me lire, ils peuvent être aſſurés que je ne démentirai pas mon caractère d'un bout à l'autre de ces Mémoires. Il eſt bon pourtant que je les avertiſſe que mon imagination vagabonde ne ſauroit compatir avec l'ordre méthodique, & que j'abandonne à mes confreres les voyageurs la ſoigneuſe exactitude des détails puérils.

Le Grand-Seigneur, extrêmement ſatisfait des préſens que nous lui avions apportés, nous accorda en reconnoiſ-ſance la faveur de rendre viſite à ſes chevaux, de voir leurs harnois qui ſont

tout couverts de brillans, d'émeraudes,
de perles orientales & de diverfes autres pierres précieufes. Nous obtinmes
depuis un Firmant de Sa Hauteffe pour
voir fainte Sophie, aujourd'hui la principale Mofquée. C'eft après faint Pierre
de Rome le plus vafte & le plus fuperbe
édifice qui foit en Europe. Il y a à côté
du Portail un efcalier en fpiral, par où
les Empereurs Chrétiens montoient
dans les Galleries fans mettre pied à
terre. Apparenment qu'en ce tems-là
les Patriarches permettoient aux chevaux d'aller à l'Office. Quand on a vu
fainte Sophie, il ne refte pas grand'chofe
qui mérite l'attention d'un curieux.
Conftantinople eft généralement mal
bâti. Comme le Turc n'eft pas prome-
neur, l'Etranger n'a d'autre reffource
pour exercer fes jambes que les Cime-
tiéres, qui font très-vaftes & en fort
grand nombre.

Un jour que je prenois l'air, felon
ma coutume, dans un de ces agréables

lieux, j'y vis inhumer un Mahométan.
Une partie de la cérémonie fe fit très-
vite & à la muette; mais la foffe ne fut
pas plutôt comblée, que Mr. le Curé
ou l'Iman fe mit à crier de toutes fes
forces comme s'il eût voulu fe faire entendre du défunt. Je demandai à un
Drogueman, que le hazard avoit con-
duit par-là, ce que fignifioient ces cris.
Il me répondit que l'on demandoit au
mort pour quelle raifon il avoit quitté
ce monde, où il avoit du caffé, des pi-
pes, du tabac, des femmes; en un mot,
tout ce qui pouvoit contribuer à lui
rendre la vie agréable : à quoi le Tré-
paffé ne répondant rien, une bonne
vieille l'abreuva d'une cruchée d'eau
rofe, & chacun fe retira. Sans doute
l'eau bénite eft une denrée incomparablement plus chere; car il s'en faut bien
qu'on en faffe fi bonne mefure chez
nous.

Les Mahométans ont auffi des Moines parmi eux. J'en ai vu d'une efpéce

qui croient faire leur salut en s'exerçant à tourner jusqu'à ce qu'ils soient en nages & tombent accablés de fatigue. On peut appeller cela littéralement gagner le Ciel à la sueur de son corps. Nos Papelards ne sont pas si dupes de le gagner ainsi.

Le Ramasan, qui est le Carême des Turcs, est infiniment plus rude que le nôtre pour ceux qui le pratiquent. Il ne leur est pas permis de boire ni manger depuis le lever jusqu'au coucher du soleil; mais le jeûne & la mortification ne sont faits dans ce Pays-là, comme dans celui-ci, que pour la canaille : les gens au-dessus du commun passent la nuit à table & dorment tout le jour, moyennant quoi ils concilient leur repos & leurs plaisirs avec la Loi du saint Prophéte, ainsi que nous concilions nos gouts avec les préceptes de Dieu & de son Eglise.

Une chose qui m'a révolté en Turquie, c'est le respect idolâtre que les

Catholiques ont pour leurs Moines. J'ai souvent vu de jeunes Demoiselles courir à la rencontre d'un maussade & superbe Penaillon, qui du plus loin qu'il les voyoit, leur présentoit une main pelue que les innocentes baisoient comme un reliquaire. Helas! que de sottises ne fait-on pas pour gagner le Paradis!

Les Turcs ont un si grand fonds d'humanité pour les bêtes, que les chiens & les chats seront quelque jour maîtres de Constantinople. On voit plus de chiens que d'hommes dans les rues. Tous ces animaux vivent d'immondices & des charités qu'on leur fait. Chaque troupe reste dans le district où elle a pris naissance, sans oser passer d'un quartier à l'autre. Si quelqu'un s'y hazarde, ce qui n'arrive que trop fréquemment, sur-tout pendant la nuit, ce font alors de si grands charivaris, qu'il faut être du Pays & habitué à pareille musique pour y pouvoir dormir. Ce qui me surprend, & doit surprendre tout le

monde, c'eſt que la rage ne ſe mette pas
quelquefois parmi un ſi grand nombre
de bêtes vagabondes : on m'a aſſuré que
cet accident n'étoit jamais arrivé ; ſi cela
eſt, comme je le crois, on peut dire
que Meſſieurs les Muſulmans ſont plus
heureux que ſages. Il y a bien des gens
qui prétendent que ce ſont ces animaux
qui entretiennent la peſte à Conſtantinople par l'infection que leurs ordures
communiquent à l'air. Il me ſemble
qu'il ſeroit plus ſimple d'en imputer la
durée à la négligence & à la mal-propreté des gens de la Nation. On ne ſait
que trop, par expérience, que l'eſprit
peſtilentiel s'attache à la laine & s'introduit dans les interſtices de tout corps
doux & ſpongieux, où il ſe conſerve
parfaitement : or, comme les Turcs,
n'ont jamais la précaution de brûler ni
les meubles, ni les hardes qui peuvent
être impregnées de ce poiſon après que
la peſte a fait ſes derniers efforts, il
n'eſt pas étonnant que le mal ſe rallu-

me de tems en tems, & se perpétue.

Tandis que je m'en souviens, il n'est pas hors de propos que je détrompe les gens trop crédules sur les bonnes fortunes que maints rapsodistes ont prêtées aux Héros de leur imagination, tant dans le Harem * du Grand-Seigneur, que dans ceux des Pachas & riches Particuliers. Toutes ces échelles de cordes, toutes ces Odalisques déflorées ou enlevées, sont des contes que ces fameliques Auteurs controuvent pour remplir une misérable feuille qui est leur gagne-pain. Ce qui donne lieu à tant de mauvais Ecrits, c'est le gout dominant que l'on a pour les Avantures extraordinaires & surnaturelles. Au reste, en supposant les lieux tels que ces agréables Fabulistes les dépeignent, il ne seroit peut-être pas impossible à quelqu'étourdi, en risquant pourtant de se faire couper bras & jambes, de nouer une intrigue avec une de ces malheu-

* Le Harem est le quartier où sont les femmes.

reufes victimes de la jaloufie & de la
brutalité orientale; mais qu'il s'en faut
bien que les chofes foient ainfi! Ce ne
font point de beaux Palais tels qu'on
nous les décrit, avec de fuperbes Balcons au-dehors fermés de jaloufies, où
les Belles jouiffent du plaifir de voir
fans être vues : ce ne font pas non plus
des Jardins délicieux qu'il eft facile d'ef-
calader ; mais de vilaines maifons de
plâtre & de bois, bien clofes, tirant
leur plus grand jour de l'intérieur, &
gardées par tant de furveillans, qu'il
n'y a qu'une tête Françoife, je dirois
prefqu'un fat, qui puiffe fe figurer la
galanterie praticable en de pareils endroits.

Il eft affez difficile d'approfondir le
génie & les coutumes des Turcs. C'eft
un Peuple fi peu communicatif, qu'on
ne feroit guères plus inftruit fur leur
chapitre dans l'efpace de vingt ans, que
dans trois mois. Il n'eft pas queftion
chez eux de jeu, ni de fpectacle, ni

d'aucune forte d'affemblée. Tous leurs plaifirs & leurs divertiffemens font bornés aux douceurs de la vie privée parmi leurs femmes ou leurs concubines. Une des chofes qu'ils ont le plus en recommandation, c'eft le bain fec. J'ai eu la curiofité d'en effayer; mais j'ai trouvé qu'il falloit être Turc ou cheval pour y réfifter. Leurs étuves font fi chaudes, que quiconque y refteroit un peu trop, courroit rifque de rendre l'ame par voie de tranfpiration. Il y a pourtant une cérémonie qui ne déplairoit pas aux partifans de l'Amour Socratique : c'eft d'être manié & frotté par de jeunes garçons prefque nuds, dont les chatouilleux attouchemens feroient capables de caufer de l'émotion aux Conformiftes les plus zélés. On fait que les Mufulmans font *in utroque jure Licentiati*, c'eft-à-dire, au poil & à la plume.

Bien des gens prétendent que l'habit oriental eft celui qui fied le mieux. Je ne suis point de ce sentiment-là. Je crois seulement qu'il est le plus commode & le moins gênant. Les hommes & les femmes m'y paroissent fort à leur aise; mais en même-tems il m'est impossible de démêler la forme humaine sous l'ampleure de leurs pélisses & de ces caleçons volumineux qui leur flottent sur les pieds. La Nature ne nous a-t'elle dessinés comme elle a fait, que pour défigurer son ouvrage? Je ne saurois me le persuader. Les proportions exactes de nos membres, la tournure de nos jambes, celle de nos épaules & de notre taille sont sans doute des ornemens qu'elle n'avoit pas dessein que nous cachassions. Ainsi je ne puis m'imaginer que mon opinion soit un effet du préjugé quand j'ose décider en faveur d'un habit qui paroit le plus conforme aux intentions de la Nature. Les Turcs se doutent si peu qu'il y ait un mérite à avoir la taille belle, que les femmes les plus rondes & les plus potelées font celles à qui ils donnent la préférence. Les Angloifes vraifemblablement ne feroient pas fortune dans ce Pays-là. Au refte, je n'en ferois pas étonné : *Sunt certi denique fines*, *&c.* il y a des bornes en tout ; & l'on peut dire, fans offenfer le beau Sexe Anglois, que leur taille jure un peu contre le naturel.

Mes obfervations n'étoient ni affez férieufes, ni affez importantes à Conftantinople pour m'occuper affidûment, comme il eft aifé de le comprendre. J'étois le plus fouvent chez Mr. De Caftelane, ou chez Mr. de Carlfon, Envoyé Extraordinaire de Suéde. Le premier nous reçut très-bien, & en qualité de Chef de la Nation, fit parfaitement les honneurs de chez lui. Le fecond nous traita en ami de tout ce qui portoit le nom François.

Un jour dans une fête que nous donnoit Mr. de Carlfon, j'eus le plaifir d'entendre de la mufique Turque : je

dis le plaisir, à cause de sa singularité ;
car leurs instrumens, ni leur chant ne
me parurent rien moins qu'agréables.
Une espéce de violon, qu'on disoit être
le plus habile Simphoniste des plaisirs
du Grand-Seigneur, nous agaçoit les
dents par les sons aigus que produisoit
son barbare archet : après quoi un Chan-
teur aussi du premier ordre nous heurla
avec des nazonnemens insupportables,
l'air le plus mélancoliquement baroque
qu'il soit possible d'entendre. Plusieurs
personnes de l'Auditoire, nées en Turquie, applaudissoient de la meilleure
foi du monde, par de grandes exclama-
tions, aux talens suprêmes de ces deux
personnages. Ces applaudissemens me
faisoient pitié. Je ne pouvois concevoir
qu'une simphonie qui m'écorchoit les
oreilles, & qu'une voix glapissante qui
sortoit de la racine du nez, pût jamais
trouver des partisans ; mais j'eus lieu
d'être bien plus surpris lorsque dans une
autre occasion où nous voulumes don-

ner un plat de notre métier à ces mêmes gens-là, nos inſtrumens & nos voix
ne furent applaudis que par des éclats
de rire auſſi ſcandaleux qu'humilians.
Je me ſouvins alors d'un de nos Prover-
bes, qui dit, qu'on ne doit jamais diſputer des gouts, ni des couleurs. En effet,
le gout eſt arbitraire ; & c'eſt une ſorte
de tirannie de prétendre aſſervir les autres aux ſiens. Ce n'eſt pas une preuve, parce que nous avons adopté la
mélodie & la douceur dans notre muſi-
que, que les ſons aigus & perçans ne
puiſſent avoir leur mérite. Tout dépend en ce monde de la maniére dont
nous ſommes élevés, & de l'habitude.
Certaines oreilles peuvent être affectées
auſſi délicieuſement des bruits aigres
qui nous rebutent, qu'elles ſont cho-
quées de la douceur des ſons que nous
aimons. Il n'y a point de régle fixe en
fait de plaiſir & d'agrément. Nous trou-
vons que c'eſt un défaut ridicule & inſupportable de chanter du nez ; & les

amateurs de ce gout hauffent les épaules & font la grimace quand ils nous entendent fredonner du gofier. Qui a raifon ou tort? La queftion eft, je crois, difficile à décider. Perfonne n'étant juge en fa propre caufe, on ne fauroit avancer fans témérité qu'un homme qui aime la moutarde foit de plus mauvais gout qu'un autre qui aime les confitures. Ce que l'on peut dire de plus raifonnable pour n'offenfer aucun parti, c'eft que tout eft également ridicule ici-bas, & que la perfection des chofes ne confifte que dans l'opinion qu'on s'en fait.

Je ne trouvai pas à Conftantinople la même difficulté que j'avois trouvée à Marfeille pour obtenir mon paffage fur les Vaiffeaux du Roi. Mr. le Chevalier de Glandeveze voulut bien me recevoir fur celui qu'il commandoit. Je ne faurois être trop reconnoiffant des bontés que lui & Mr. fon Frere * ont eues pour moi pendant mon trajet juf-

* Le Capitaine de Galére.

qu'à Toulon. Ce feroit ici la place de leur renouveller mes remercimens, fi je ne craignois que leur modeftie n'en fouffrît.

Les vents étant toujours contraires, nous fumes obligés de nous faire remorquer pour fortir de la Rade. Après deux jours de navigation, le calme nous prit quafi à l'extrêmité du Canal. Nous y reftames mouillés trois ou quatre jours du côté de l'Afie. Enfin, un vent petit frais venant à foufler, Mr. de Caïlus tira fon coup de canon de partance. Nous ferpames l'ancre & nous appareillames. Notre Vaiffeau s'appelloit l'Heureux. Je n'en ai jamais connu de fi mal baptifé. Le maudit coche (car c'en étoit un pour la pefanteur) refufa de gouverner, & malgré tout ce que l'on pût faire pour le mettre en route, il obéiffoit aux courants, & s'en alloit fon petit train à terre. La crainte d'échouer répandit l'allarme parmi l'équipage. Heureufement Mr. de Glandeveze, que fon fang froid n'abandonna point, fit mettre le Canot à la Mer, & porter un grelin avec une petite ancre au milieu du Canal, fur quoi nous nous touames & gagnames le large. Néanmoins le Navire refufant toujours d'obéir, nous paffames à reculons le Détroit des Dardanelles, & reçumes en cette pofture le Salut des Châteaux. Meffieurs les Turcs faluent ordinairement à bale en cet endroit-là pour faire connoître qu'on ne paffe point devant eux impunément & contre leur gré. L'on peut juger de quel calibre font leurs canons; les boulets * ayant environ quinze ou dix-huit pouces de diamétre. On leur voit quelquefois faire vingt ricochets fur l'eau & paffer d'un rivage à l'autre. J'avois compté que nous irions à Smyrne. J'aurois fait ce voyage avec d'autant plus de plaifir, que je m'attendois à y voir quelques reliques

* Ils font de pierre.

liques de l'ancienne Ephéfe, où a vêcu cette fameufe Matrone qui nous a laiffé tout enfemble l'exemple le plus fignalé de la conftance & de la légéreté des femmes. Là, je me propofois de prendre les dimenfions de ce fuperbe Temple de Diane, conftruit à fi grands fraix, & qu'un célébre fou * brûla feulement pour faire parler de lui. Mais notre Commandant ayant changé de réfolution, nous pourfuivimes notre route, & fumes mouiller devant Chio. Je fuis étonné que les Poëtes n'aient pas donné la préférence à cette Ifle fur celle de Serigue † pour y établir le principal manoir du fils de la belle Cypris. C'eft, fans contredit, une des plus agréables & des meilleures Ifles de l'Archipel. Il faut croire pour l'honneur & la juftification de ces illuftres prôneurs de Cythère, que c'étoit jadis un féjour délicieux; mais que tout en a dégénéré de-

---

* Eroftrate.
† Autrefois Cythéra.

C

puis juſqu'au terrain. J'ai trouvé les femmes de Chio auſſi aimables , que finguliérement ajuſtées. C'eſt une per-fection pour elles d'avoir les épaules extrêmement rondes & élevées ; & comme la Nature ne fauroit fe prêter à leur manie, l'art fupplée à fon défaut par des efpéces de cafaquins rembourés de l'épaiſſeur d'environ quatre doigts. Leur jupe eſt attachée fous les aiſſelles, & déborde de fort peu les genoux. C'eſt encore un mérite chez elles d'a-voir les jambes toutes d'une venue , & de la forme à peu près d'une colonne. Je laiſſe à penfer fi quelqu'un de nous auroit beau jeu en ce Pays-là, à vouloir tirer vanité de la fineſſe des fiennes. Que peut-on inférer de tant de façons de fe vêtir & d'agir fi oppofées dans le mon-de, finon que tout ce qui eſt de mode , eſt toûjours cenfé raifonnable ?

Nous partimes de Chio avec un vent arriére & forcé qui nous mena à Malte. Il étoit tems que nous y arrivaſſions, notre pauvre vaiſſeau l'Heureux ayant beaucoup ſouffert, & preſque perdu ſon gouvernail.

On s'attend ſans doute que je vais parler des Religieux Militaires de l'Ordre de ſaint Jean de Jéruſalem, de la ſituation de leur Iſle, de la maniére dont elle eſt fortifiée & de la beauté de la Ville. Peut-être ſe flatte-t'on auſſi que je dirai quelque choſe des plaiſirs innocens de ces pieux Défenſeurs de la Foi, de leurs Opera, en un mot, de ces charmantes Cantatrices, que les Baillifs, Commandeurs & Grands-Croix entretiennent, & que les Chevaliers greluchonnent. Je penſe en effet que le ſérieux de ces mémoires ne ſeroit pas incompatible avec de ſemblables obſervations; mais malheureuſement je n'ai point eu la liberté d'en faire d'aucune'eſpéce. On ſait que tout Vaiſſeau venant du Levant, dans quelque Port ou Havre qu'il aborde, doit faire quarantaine, & qu'on la fait plus ou moins longue, felon le dégré de foupçon ou de crainte de ceux à qui l'on demande l'entrée. Meffieurs les Maltois nous propoferent un terme qu'on ne jugea point à propos d'accepter ; ce qui fut caufe que nous ne reftames dans leur Port que le tems néceffaire pour réparer notre gouvernail, après quoi nous partimes. Il y avoit alors dix-huit ou vingt Vaiffeaux de Guerre Anglois mouillés aux Ifles d'Iéres. Quand nous approchames de ces parages, Mr. de Caïlus fit le fignal de combat. Quoique la France & l'Angleterre n'euffent point encore rompu ouvertement, il regnoit depuis quelque tems une forte de mefintelligence entre ces deux Nations , qui occafionnoit quelquefois de petites méprifes, fur-tout fi l'on fe rencontroit pendant la nuit ; & après s'être bien canoné à la faveur des ténébres , au lever du Soleil on fe féparoit de bonne amitié avec des excufes & des politeffes de part & d'autre.

La tendreſſe aveugle que j'avois vouée aux Anglois, jointe à beaucoup d'indifférence pour aquerir de la gloire, me fit regarder ces préparatifs d'un œil fort mécontent. Loin de témoigner aucun empreſſement à payer de ma perſonne en cas de néceſſité, je ſouhaitois de tout mon cœur n'être pas obligé d'en courir le riſque. Heureuſement mes vœux furent accomplis. Nous nous trouvames maîtres du vent, & paſſa-mes ſans nul obſtacle à la vue de la flot-te. Un Plumet étourdi, plein des pré-jugés de ſon état, blâmera indubitable-ment un aveu ſi ſincére; mais il me ſuf-fit d'avoir l'approbation des gens rai-ſonnables, & je me flatte qu'ils ne me la refuſeront pas. En effet, ſi l'on s'é-toit battu, & ſi m'étant muni d'un mouſ-quet comme les autres, j'euſſe eu un bras ou une jambe emportée, un œil hors de la tête, ou la machoire fracaſ-ſée, je voudrois bien ſavoir ce qu'il m'en ſeroit revenu? Car en qualité de

Paſſager, je ne pouvois pas m'attendre
que la Cour recompenſàt mon zéle,
& qu'elle me fît la grace de me conférer des dignités & des gratifications qui
n'appartiennent qu'à ceux qui profeſ-
ſent le métier des armes. Néanmoins
ſuppoſé que contre toute eſpérance,
on m'eût traité en militaire, deux doigts
de ruban couleur de feu à ma bouton-
niére ou une modeſte annuité m'auroit-
elle jamais fait oublier la ſouſtraction
de quelqu'un de mes membres ? &
l'honneur d'étayer mon corps chance-
lant ſur deux potences, ou de ne me
moucher jamais que d'une ſeule main
eut-il été un équivalent au plaiſir d'être
bien ferme ſur mes deux pieds, & de
pouvoir me ſoulager à ma fantaiſie de
la droite & de la gauche? Je ne crois
point qu'on puiſſe me faire voir en cela
un dédommagement réel. Au contrai-
re, je ſuis bien aſſuré qu'il n'eſt pas un de
ces illuſtres & glorieux mutilés qui ne
ſacrifiàt tous les Lauriers de Mars pour

recouvrer fon premier état, fi la chofe étoit en fon pouvoir. Quant à moi qui ne trouve rien de trop dans mon individu, & qui en aime toutes les proportions, je n'en céderois pas un fcrupule pour cent quintaux de gloire.

Les Anglois, ainfi que je l'ai dit ci-deffus, ne pouvant fortir de la Rade d'Iéres, nos Vaiffeaux entrerent paifiblement dans celle de Toulon. On ne nous y obligea qu'à huit jours de quarantaine, pendant lefquels nous fumes deux ou trois fois au Lazaret prendre l'agréable parfum de paille & de favates mouillées auxquelles on met le feu. Si ce n'eft pas un fpécifique fûr contre la pefte, au moins puis-je certifier que c'en eft un infaillible contre les bonnes odeurs.

Dès que nous eumes l'entrée, chacun fe fépara & fut de fon côté, comme firent jadis tous les Etres vivans, bêtes & autres, en fortant de l'Arche de Noé. Le lendemain, je pris la route de Paris, où peu de tems après mon arrivée, je fus attaqué d'une fiévre maligne, occasionnée fans doute par quelqu'efprit peftilentiel qui s'étoit gliffé dans mon fang pendant mon féjour à Conftantinople. Ce qui me le fait croire, c'eft une quantité de froncles qui me fortirent de tout le corps, & particuliérement de deffous les aiffelles. Si jamais j'ai craint d'aller conférer avec les Anges, ce fut dans le cours de cette maladie qui fut des plus aiguës & des plus longues. Enfin, grace à mon temperament, & peut-être à un demi tonneau d'Apozèmes qu'un boureau de la Faculté me fit avaler, j'en échappai. A peine fus-je rétabli, que je jettai la plume au vent pour favoir quel chemin je prendrois; car j'avois formé le projet, avant de revoir l'heureufe Albion, * de parcourir la plus grande partie de l'Europe. Le fort me mena en Italie.

* L'Angleterre.

Je repéterai ici, de peur qu'on ne l'ait oublié, que ne voulant être ni Journaliste, ni Compofiteur de voyages, je ne m'arrêterai point à faire le plan des différens endroits où j'ai paffé, ni à retracer les mœurs & les coutumes des Peuples que j'ai pratiqués. Il n'y a déja que trop de faftidieux ouvrages de cette efpéce dans le monde. Ce n'eft pas la peine que j'en augmente le nombre par des imitations ou des redites ; le feul but que je me propofe, eft de jetter fur le papier les réflexions que je fais en me promenant, ainfi que le hazard & l'occafion me les fuggerent. Il s'en préfente une maintenant à mon efprit que ma franchife ne me permet pas d'omettre; c'eft qu'après avoir beaucoup vu, je me trouve un peu moins fot fans en être devenu meilleur:

Cœlum, non animum mutant, qui trans mare currunt.

On a beau changer de climats, le caractère ne change point; on porte partout avec foi le Cachet de la Nature. En vain les Anglois quittent leur Pays & parcourent les différentes Contrées de l'Europe, ils reviennent chez eux, toujours les mêmes, fombres, mélancoliques, rêveurs, & généralement Mifantropes. Comme je fuis né d'un temperament à peu près femblable au leur, le plus grand fruit que j'ai tiré de mes voyages ou de mes courfes, eft d'avoir appris à haïr par raifon ce que je haïffois par inftinct. Je ne favois point jadis pourquoi les hommes m'étoient odieux; l'expérience me l'a découvert. J'ai connu à mes dépens que la douceur de leur commerce n'étoit point une compenfation des dégouts & des défagrémens qui en réfultent. Je me fuis parfaitement convaincu que la droiture & l'humanité ne font en tous lieux que des termes de convention, qui n'ont au fond rien de réel & de vrai; que chacun ne vit que pour foi, n'aime que foi;

& que le plus honnête homme n'est, à
proprement parler, qu'un habile Co-
médien, qui possède le grand art de
fourber, sous le masque imposant de la
candeur & de l'équité ; & par raison
inverse, que le plus méchant & le plus
méprisable est celui qui fait le moins se
contrefaire. Voilà justement toute la différence qu'il y a entre l'honneur & la
scélératesse. Quelqu'incontestable que
puisse être cette opinion, je ne serai pas
surpris qu'elle trouve peu de Partisans.
Les plus vicieux & les plus corrompus
ont la marotte de vouloir passer pour
gens de bien. L'honneur est un fard,
dont ils font usage pour dérober aux
yeux d'autrui leurs iniquités. Pourquoi
la Nature ingrate m'a-t'elle dénié le talent de cacher ainsi les miennes ? Un
vice ou deux de plus, je veux dire, la
dissimulation & le déguisement, m'auroient mis à l'unisson du genre humain.
Je serois, à la vérité, un peu plus fri-
pon ; mais quel malheur y auroit-il ?

J'aurois cela de commun avec tous les honnêtes gens du monde. Je jouirois, comme eux, du privilége de duper le prochain en sûreté de confcience:

Mais vains fouhaits! inutiles défirs!

C'eft mon lot d'être fincére; & mon afcendant, quoique je faffe, eft de haïr les hommes à vifage découvert. J'ai déclaré plus haut que je les haïffois par inftinct, fans les connoître; je déclare maintenant que je les abhorre parce que je les connois, & que je ne m'épargnerois pas moi-même, s'il n'étoit point de ma nature de me pardonner préférablement aux autres. J'avoue donc de bonne foi que de toutes les créatures vivantes, je fuis celle que j'aime le plus fans m'en eftimer davantage. La néceffité indifpenfable où je me trouve de vivre avec moi veut que je me fois indulgent & que je fupporte mes foibleffes; & comme rien ne me lie auffi étroitement avec le genre humain, on ne doit pas trouver étrange que je n'aie pas la même complaifance pour les fiennes. Ces lâches égards dont les hommes trafiquent entr'eux, font des grimaces auxquelles mon cœur ne fauroit fe prêter. On a beau me dire qu'il faut fe conformer à l'ufage; je ne confentirai jamais à écouter un Original qui m'ennuie, ni à careffer un Faquin que je méprife, encore moins à prodiguer mon encens à quelque fcélerat. Ce n'eft pas que je croie mieux valoir que le refte des humains : à Dieu ne plaife que ce foit ma penfée. Au contraire, j'avoue de la meilleure foi du monde que je ne vaux précifément rien; & que la feule différence qu'il y a entre les autres & moi, c'eft que j'ai la hardieffe de me démafquer, & qu'ils n'ofent en faire autant. En un mot, à l'imitation de l'Abbé de B. M. * qui révéla le fecret de l'Eglife, je révéle celui de l'humanité, c'eft-

---

* Il dit un jour perdant fon argent à l'Hôtel de Gêvres, qu'il n'y avoit point de Purgatoire.

à-dire, qu'à la rigueur il n'y a point d'honnêtes gens. Quelle infamie! fe récrieront la plupart de mes Lecteurs. Peut-on avancer un paradoxe auffi téméraire? il n'y a point d'honnêtes gens! & qui fommes-nous donc? Je l'ai déja dit; qu'eft-il befoin de le repéter? Miféricorde! continueront-ils. Que feroit-ce des Principes & de la Morale, fi on admettoit une femblable opinion? Je répons à cela, que les principes & la Morale n'en exifteroient pas moins, & qu'ayant été fondés néceffairement à l'occafion de la méchanceté des hommes, ils ne fauroient jamais manquer. Ce n'eft pas le but des loix & de la bonne difcipline de changer l'ouvrage de la Nature & de refondre nos cœurs; leur intention feulement eft de nous empêcher de nous livrer à nos criminels panchans. On ne rend perfonne refponfable de fon mauvais fonds, mais de fes mauvaifes actions. Ce qui nuit à la fociété, c'eft l'accompliffement du mal,

& non pas l'envie fecréte de le faire.
Sans le préjugé de la réputation & la
crainte des châtimens, on n'auroit jamais connu le nom de vertu. Ce font
ces deux liens qui retiennent les hommes & font leur sûreté réciproque.

On fera peut-être furpris qu'avec des
fentimens fi extraordinaires, je puiffe
demeurer dans le tumulte du monde;
mais il faut que l'on fache que je fuis un
Etre ifolé au milieu des vivans; que
l'Univers eft pour moi un fpectacle
continu, où je prens mes récréations
gratis; & que je regarde les humains
comme des Bâteleurs, qui me font quelquefois rire, quoique je ne les aime, ni
ne les eftime. D'ailleurs, on ne fauroit
être éternellement livré à foi-même;
un peu de compagnie, bonne ou mauvaife, aide à paffer le tems.

J'ai remarqué que le feul moyen de
fe rendre la vie gracieufe dans le commerce des hommes, c'eft d'effleurer
leur connoiffance, & de les quitter,

pour ainfi dire, fur la bonne bouche;
car le dégout eft toujours la fuite d'un
approfondiffement trop exaƈt. Voilà
l'avantage qu'ont les voyageurs ; ils
paffent d'une liaifon à l'autre fans s'at-
tacher à perfonne; ils n'ont ni le tems
de remarquer les défauts d'autrui, ni
celui de laiffer remarquer les leurs.
Chacun leur paroit aimable ainfi qu'ils
le paroiffent à chacun. Combien de gens
dans le monde, qui faute de m'avoir
connu, m'ont honoré de leur eftime,
& m'accableroient peut-être aujour-
d'hui des mépris les plus humilians s'ils
avoient eu le loifir de me voir à découvert ! Combien auffi de ces Meffieurs, de qui j'ai conçu les idées les
plus avantageufes fur quelques dehors
brillans, qui n'euffent jamais été que
des faquins à mes yeux, fi je les avois
fréquentés quelques jours de plus.
Nous reffemblons affez généralement
à de certaines étoffes, dont le premier
çoup d'œil féduit & flatte la vue, & qui
de-

deviennent affreuſes à l'uſer. J'en ai
ſouvent fait, à ma honte, la mortifiante
expérience. Mille gens, en mille endroits, ſe ſont empreſſés à me connoître ſur quelque réputation que le Public me faiſoit l'honneur de me prêter:
rien de plus chaud, de plus animé que
les premiéres entrevues : j'étois un
homme charmant, adorable ; tout ce
que je diſois étoit divin ; les choſes les
plus communes prenoient un tour
heureux dans ma bouche. Mais enfin,
qu'eſt-il arrivé? L'illuſion a ceſſé; on a
peſé mon mérite, & je ſuis reſté ſeul.
Une ſéance ou deux de moins m'auroit peut-être conſervé ma réputation.
Je le repéte, ſi nous voulons tirer parti
de la ſociété des hommes, voyons-
les ſuperficiellement, de crainte qu'à la
longue ils ne nous uſent, & que nous
ne devenions les objets de leur indifférence.

Pour une premiére fois, c'eſt aſſez mé-
taphiſiquer ſur le cœur humain. Laiſſons

prendre haleine aux Lecteurs, & tranſportons-les au Pays de Papimanie.

Après un mois de fatigues, j'arrivai dans cette fameuſe Ville, qui fut autrefois la Capitale de l'Univers, & l'eſt encore aujourd'hui de tout le Monde Chrétien. J'ai vu ſur le Trône des Céſars une eſpéce d'Enchanteur, qui jadis par ſon Charlataniſme, s'étoit aquis une autorité ſi abſolue chez la plupart des Peuples de l'Europe, qu'il avoit rendu les Souverains ſes tributaires & diſpoſoit de leurs Couronnes à ſon gré; mais ſa tirannie inſupportable ayant fait ouvrir les yeux au plus grand nombre de ſes Sectateurs, ſon crédit a tellement diminué, qu'il n'a plus aujourd'hui qu'une ombre de Souveraineté, & ſe voit reduit à vendre des Amulettes qu'il prétend guérir de tous maux, pourvu que l'on y ait foi. Il ſe vante auſſi de poſſéder entr'autres merveilleux Secrets de cette eſpéce, une pierre à détacher, qui enléve juſqu'aux moindres fouillures de l'ame. Quoiqu'il en foit, il y a environ deux fiécles qu'un couple d'Empiriques, l'un nommé Martin, l'autre Jean, par jaloufie de métier, décrierent fes drogues, & diftribuerent les leurs avec tant de fuccès, qu'ils lui enleverent la moitié de fes pratiques. Tout le bien que ce partage a opéré, c'eft qu'auparavant il falloit prendre ou de force ou de gré fes paquets, & que l'on a maintenant la liberté du choix.

Cet Enchanteur a un tic fort fingulier lorfqu'il paroit en Public; c'eft de fendre & de chaffer continuellement l'air avec deux doigts comme fi les mouches l'incommodoient. Néanmoins ayant prévu le ridicule qu'une femblable habitude pourroit répandre fur fa perfonne, il a fait infinuer au Peuple que c'eft aux Efprits de Ténébres qu'il en veut, & non pas aux mouches. Ce qui a donné un fi grand crédit à fes gefticulations, que chacun fe profterne au moindre mouvement qu'il fait.

Ainſi le Prophéte Mahomet ſut tirer avantage d'une épilepſie à laquelle il étoit ſujet, en perſuadant à ſes imbéciles Muſulmans que c'étoit l'Ange Gabriel qui l'agitoit quand l'accès le prenoit. Voilà comme les Grands profitent de la crédulité des Petits, & leur font adorer juſqu'à leurs foibles. Quelques jours après mon arrivée à Rome, je fis liaiſon avec un ſoi-diſant Gentilhomme du Pays, qui avoit voyagé en France & dans divers autres endroits de l'Europe. Notre connoiſſance ſe fit à la Françoiſe, c'eſt-à-dire, dès la premiére entrevue, & dans le très-court eſpace que l'on emploie à prendre ſon caffé. Ce Gentilhomme, ou plutôt cet homme gentil, ſe faiſoit appeller le Comte de B.... titre frivole que l'on ne prodigue pas moins en Italie, que celui de Baron en Allemagne. Au reſte, Monſieur le Comte qui, par parenthéſe, n'étoit autre choſe que le fruit des œuvres de certaine Eminence avec la fille d'un de fes Domeftiques, étoit un garçon d'un commerce charmant, & méritoit pas excellence le titre d'agréable débauché. Il avoit toutes les perfections des gens de qualité. Il s'enivroit, deshonoroit des femmes, friponnoit au jeu, ne difoit pas un mot de vrai ; en un mot, il empruntoit & ne rendoit jamais. Le Cardinal fon Pere lui avoit légué à fa mort environ deux mille écus Romains une fois payés. Muni de cette fomme dont il ne pouvoit tirer qu'un médiocre revenu, il aima mieux s'en fervir à voir le monde, & à tenter fortune chemin faifant. Ce dernier projet ne lui réuffit pas. Il revint dans fa Patrie après trois ans d'abfence, chargé d'érudition & de belles maniéres, mais n'ayant pas un fol. Néanmoins fon origine n'étant pas ignorée des Conclaviftes, les plus charitables d'entr'eux, ou, pour mieux dire, les plus galans, lui donnoient des gratifications ánnuelles, au moyen de quoi il faifoit une affez paffable figure, & foutenoit auffi fiérement l'honneur de la Comté, que s'il fût defcendu de Pierre de Provence.

Nous étions devenus, Mr. le Comte & moi, fi bons amis, qu'il ne fe fit aucun fcrupule de me procurer la connoiffance du doux objet de fes tendres feux. Je ne fais fi je ne lui aurois pas eu plus d'obligation de n'avoir point pouffé la complaifance jufques-là. Ce qu'il y a de conftant, c'eft que je gagnai un fort vilain mal, lequel j'ai fait circuler depuis dans le cours de mes voyages par efprit d'économie pour n'y pas revenir à plufieurs fois. Ce petit accident, joint à la perte d'environ quarante féquins que m'avoit efcamoté cet aimable compagnon de débauche, rompit tout-à-coup la douce harmonie de nos cœurs ; & notre defunion fut auffi prompte que notre liaifon l'avoit été.

Comme j'avois lieu de regretter un tems fi mal employé jufqu'alors, je ré-

folus de profiter de celui qui me ref-
toit, pour voir les précieux débris des
monumens de l'antiquité, & tous ces
chef-d'œuvres de l'art qui font l'admiration univerfelle.

Que n'ai-je le gout exquis, le favoir
confommé, & le talent merveilleux
de peindre, de ces fameux Littérateurs,
qui ont le fecret unique de nous repréfenter fous les plus pompeufes images,
des chofes dont ils n'ont pas les premiers élémens, moyennant une demi
douzaine de mots d'emprunt! * Ce feroit, fans doute, une belle occafion de
paffer pour un Virtuofe à bon marché.
Les termes d'architraves, de frifes, de
chapitaux, de bas reliefs, ceux de deffein, de compofition, de coloris, de ré-
flex, diftribués fagement & avec économie, releveroient admirablement une
defcription, & ajouteroient beaucoup
au mérite de fon Auteur; mais mon in-

* L'Abbé Desfontaines étoit de ceux-là.

fuffifance ne me permet pas de faire de
pareils effais. Je me contenterai de dire,
fans prendre ce ton décifif qui ne me va
point, que j'ai vu de grands morceaux
dans toutes fortes de genres, dont
j'avoue n'avoir que bien foiblement ap-
précié les beautés, faute d'être initié
dans les miftéres des gens de la profeffion. Qu'il me foit permis pourtant
d'obferver en paffant, qu'on pouffe un
peu trop loin la prévention pour les
Anciens, & qu'il y a une forte de fana-
tifme & d'idolâtrie à vouloir leur donner la prééminence en tout. Il eft faux
de foutenir qu'on ne puiffe les imiter,
encore moins les égaler. Sans vouloir
me donner le ridicule que je viens de
fronder, en approfondiffant une matiére qui n'eft pas de ma compétence,
je feraï voir (& je ne fuis en cela que
l'Echo des gens de gout) qu'en une infinité de chofes les Modernes ne font
pas inférieurs aux Anciens, & qu'ils les
furpaffent même en beaucoup de ren-

contres. Par exemple, quel monument peut être mis en parallèle avec l'Eglife de faint Pierre pour la magnificence, l'étendue, les proportions, & l'élégance de l'Architecture? Que peut-on comparer à cette fuperbe Colonnade du vieux Louvre, qui enchante également les yeux du ftupide ignorant & du connoiffeur judicieux? Combien enfin trouve-t'on de Statues fupérieures, ou, pour mieux dire, combien en trouve-t'on qu'on puiffe mettre à côté de celles du Puget? S'il leur manque quelque chofe, ce ne peut être que la vétufté, pour laquelle on a par préjugé un refpect fi aveugle, que fouvent les ouvrages les plus communs marqués à fon coin, font d'un prix ineftimable.

La Mofaïque eft, fans doute, fort ancienne; mais que celle des fiécles paffés eft groffiére auprès de celle d'aujourd'hui! on a depuis quelques années le fecret d'exécuter des tableaux en ce genre avec tant de délicateffe & d'art, que l'œil s'y méprend & les croit faits au pinceau. La première fois que je vis ceux de faint Pierre, je m'y trompai; & ce ne fut qu'après qu'on m'eût averti, & que je les eus confidérés plus attentivement, que je reconnus mon erreur.

Que ceci fuffife pour faire connoître que je ne fuis pas de ces entoufiaftes qui décrient tout ce qui n'eft point du vieux tems, & ne jugent de l'excellence des chofes que par leur date. Combien de gens paient cher cette ridicule manie! On me montra à Rome un Antiquaire qui avoit acheté deux cens fequins une prétendue Médaille d'Othon, entiérement méconnoiffable & rongée de verd-de-gris. Celui qui la lui avoit vendu étoit graveur. Quoiqu'il fût très-habile homme, il avoit le défaut d'être moderne : c'en étoit affez pour qu'on fît peu de cas de fes ouvrages ; de façon qu'avec beaucoup de talens le pauvre diable mouroit de faim. La néceffité lui infpira un moyen de fe venger de l'injustice qu'on lui faisoit, & de rire aux dépens des sots. Il contrefit des Antiques, & y réussit à un tel point de perfection, que les plus savans dans ce genre d'étude en furent les dupes. Cette industrieuse tromperie a opéré deux biens réels. D'un côté elle a procuré du pain à un excellent Artiste, qui en manquoit ; de l'autre, elle a puni & peut-être guéri nombre de cette espéce de fous entêtés, qui sacrifient tout ce qu'ils possédent, pour faire un ramas de chétives & frivoles Anticailles.

Les Anglois étoient autrefois extrê-mement entichés de ce foible dispen-dieux ; mais on les en a un peu corri-gés à force de les redresser : mainte-nant la plupart se contentent de faire leur tour de l'Europe en Poste, extrê-mement attentifs pendant le voyage à tenir une notte des endroits où l'on change de chevaux, & de ceux où l'on boit le meilleur vin ; & quand après deux ou trois ans d'absence, ils rap-

portent chez eux quelque bronze mu-
tilé, ou quelque vieux chiffon de peintu-
re, on trouve alors qu'ils ont très-bien
employé leur tems, & on les regarde
comme des gens éduqués au parfait.

Mais revenons à ce qui me concerne.
Depuis que j'avois rompu avec Mr. le
Comte, je trotois toute la journée comme un coureur de bénéfices pour voir
des curiosités & femer des teftons. *
Je ne rougirai point d'avouer que parmi
tant de belles chofes que j'ai vues, il y
en a beaucoup que je n'ai trouvées telles que fur la foi d'autrui, & point du
tout fur le rapport de mes yeux. Puiffe
cet aveu fincére de mon ignorance fervir de leçon à ces differtateurs indif-
crets & bavards, qui ont la fureur éter-
nelle de juger de ce qu'ils n'entendent
pas, & qui, comme le Marquis de Maf-
carille, † favent tout fans avoir rien

* Le tefton vaut trois paules, ce qui fait à
peu près trente-trois fols de notre monoie.
† Perfonnage des précieufes Ridicules de
Moliére.

appris. Il n'y a , pour le malheur des
oreilles délicates , que trop d'imperti-
nens de cette efpéce dans le monde. Je
le confeffe à ma honte ; j'ai fouvent
mérité une pareille épithéte. Au refte ,
il eft peu de voyageurs qui ne foient
dans le même cas. On aime naturelle-
ment à parler ; des fots écoutent avec
complaifance. Cela donne du courage
à l'Orateur ; les applaudiffemens le flat-
tent ; il fe laiffe entraîner au plaifir de
tenir le dez dans la converfation ; il s'y
habitue bientôt ; enfin , il prend un ton
avantageux indiftinctement avec les
gens raifonnables ainfi qu'avec les imbéciles , & finit par être le fléau & la
bête noire des fociétés. Concluons delà
que les voyages font généralement plus
de mal que de bien ; & qu'à moins d'être
doué de ces heureufes difpofitions que
la Nature avare n'accorde qu'à fes élus,
on court rifque de revenir dans fa Patrie un peu plus ridicule qu'on n'en étoit
forti. Qu'un fot aille d'un Pole à l'au-

tre; avant fon départ on le fupportoit; on avoit pitié de fa ftupidité; à fon retour chacun le fuit; c'eft un monftre, un animal à jetter par les fenêtres. ✗

O vous! fcrupuleux & froids obfervateurs de l'ordre, qui aimez mieux des penfées liées, vuides de fens, que des réflexions découfues, telles que celles-ci, quoique, peut-être, affez bonnes, ne perdez pas votre précieux loifir à me fuivre; car je vous avertis que mon efprit volontaire ne connoit point de régle, & que femblable à l'écureuil, il faute de branche en branche, fans fe fixer fur aucune. Apprenez que ce n'eft pas la fimétrie d'un repas qui conftitue l'excellence des mêts; & que le feftin le mieux ordonné n'eft pas toujours celui où l'on fait meilleure chére. Qu'importe que des idées foient analogues ou non, pourvu qu'elles foient juftes & fenfées, c'eft là l'effentiel. Mais, vous voulez favoir ce que j'ai remarqué à Rome. Rien que d'excellent &

d'admirable. C'eſt un vrai pays de Co-
cagne. On y vit comme on veut; on
s'y réjouit beaucoup ; on y prie Dieu
couci-couci ; & par-deſſus le marché,
on y fait ſon ſalut plus aiſément qu'ailleurs, étant à la ſource des Pardons,
& pouvant les avoir de la première
main. Il y a, à propos de cela, un uſage
établi dans ſaint Pierre pour la commo-
dité des Pécheurs, qui eſt bien édifiant ;
& il ſeroit à ſouhaiter que tous les Peuples ſous l'obéiſſance du ſaint Pontife,
jouiſſent d'un pareil avantage. Les Di-
recteurs de conſcience ſe mettent à certaines heures en faction dans leurs con-
feſſionaux, ayant à la main une longue
baguette dont ils donnent un coup ſur
la tête des Fidéles qui ſe proſternent
devant eux. On m'a aſſuré que ce coup
de houſſine avoit la vertu merveilleuſe
d'effacer les péchés véniels, en fut-on
chargé d'une quantité innombrable.
Que ne peut-on de la même maniére
enlever les péchés mortels ! Mais com-

me il eſt néceſſaire d'obſerver des proportions en tout, il faudroit, eu égard
à la peſanteur de ces derniers, ſe ſervir
d'une maſſue pour les déraciner. Le
reméde ſeroit violent & de dure digeſ-
tion. C'eſt ce qui fait, ſans doute, qu'on
n'en uſe point.

Vous me demanderez peut-être encore ſi j'ai baiſé la Pantoufle mirifique,
la ſacrée Babouche de celui qui repré-
ſente Dieu en terre ? Non, je ne m'en
ſuis pas cru plus digne que Maître François. * C'eut été trop d'honneur pour
moi d'embraſſer en tremblant ſes véné-
rables Poſtéres, voire même ſes graves
& chaſtes génitoires. J'ai eu néanmoins
le bonheur de recevoir quelquefois à
demi portée de carabine ſa ſainte béné-
diction, qui dans le fond eſt auſſi bonne
de loin que de près. On m'a ſoutenu
que quiconque mourroit en recevant
cette inſigne faveur, ſon ame iroit en
Pa-

* Rabelais.

Paradis droit comme une fufée, fût-elle
noircie des iniquités les plus énormes.
Puffai-je à fi bon marché obtenir la ré-
miffion des miennes à la fin de mes
jours, pourvu que ce ne foit pas fitôt!
Ah! qu'il fait beau le voir ce bienheu-
reux Succeffeur de Pierre, lorfque les
Cardinaux profternés à fes pieds, lui
paient leurs adorations, & baifent ainfi
qu'une relique fa précieufe Dextre fans
mitoufle! Cet acte autentique d'humi-
lité de la part de tant de faintes ames,
n'eft-il pas une preuve convaincante de
l'excellence & de la fuprématie de fa
Perfonne? & n'eft-on pas damné dès
ce monde *ex cathedra*, quand après
avoir vu de fes yeux une cérémonie fi
religieufe, on ofe révoquer en doute
fon infaillibilité?

Comme je ne fache plus rien de fort
intereffant à débiter à mes Lecteurs fur
l'Article de Rome, je les ferai paffer,
fous leur bon plaifir, à Naples. Ce fera
autant d'ennui d'épargné pour eux &

E

pour moi. Je crois avoir lu dans le Spectateur qu'un particulier de Londres fit le voyage du Grand-Caire, à deſſein ſeulement de prendre les dimenſions & la hauteur des Piramides. Eh bien, j'ai l'honneur d'être le ſecond tome de ce fou-là. Ce fut uniquement pour grimper ſur le mont Veſuve, que je pris la réſolution d'aller à Naples. Il eſt aiſé de juger à quel point ma curioſité fut ſatisfaite, lorſqu'après avoir bien ſué pour parvenir au haut du Volcan, je ne vis qu'un large trou & beaucoup de fumée. Cette démarche extravagante peut s'appliquer figurément au train ordinaire du monde. On ſe fait les fantômes les plus agréables des grandeurs, des titres & des rangs : on ſacrifie tout pour y monter. Y eſt-on arrivé? l'illuſion ceſſe; on voit qu'on n'a rien gagné, ou du moins bien peu de choſe. Qu'un pareil texte ouvriroit un beau champ à l'éloquence de quelqu'humble Porte-Capuchon, pour reprocher aux hommes le mauvais ufage qu'ils font de leur tems en courant après des chiméres! & que la fumée du Vefuve lui fourniroit de riches comparaifons fur l'inftabilité & le néant de tout ce qui accompagne cette vie périffable! ce difert Prêcheur s'écrieroit, fans doute, avec l'Eccléfiafte : *Vanitas vanitatum & omnia vanitas* , Vanité des vanités & tout eft vanité. Il auroit raifon, & je ferois volontiers Chorus avec lui, en répétant cette belle fentence que j'ai lue fur un Cadran folaire : *Sicut umbra tranfit gloria mundi* , la gloire de ce monde paffe comme l'ombre. Et les Grands & les Petits difparoiffant avec elle, font à jamais confondus dans la pouffiére, felon les paroles de Job. Mais, de peur de confondre auffi ma petite raifon dans l'immenfe profondeur de ces affligeantes idées, faifons trêve de morale, & changeons de matiére.

Si l'afpect hideux du Volcan avoit en

dequoi me déplaire & me donner de
l'humeur, en revenche Naples & fes en-
virons me plurent infiniment. Ceux qui
ont quelque connoiffance de la Théo-
logie Payenne trouvent beaucoup à s'a-
mufer du côté de Baïe. On y voit le
Lac d'Averne ou d'Enfer. La faleté de
fon eau & la trifteffe du lieu font affez
conformes à ce qu'en ont écrit les Poëtes. Quant aux vapeurs infectes qui en
fortoient autrefois, & tuoient les oi-
feaux au vol, il n'en eft plus queftion
maintenant. Les Moineaux, les Merles
& les Pies & toute la Gent volatile peuvent y planer à leur aife fans aucun rifque de mort fubite.

Il y a encore fur un des côtés du Lac
les reftes d'un Temple anciennement
confacré à Apollon. C'eft là qu'on prétend que la Sybile lui prodiguoit fes
faveurs. Elle avoit pratiqué pour cet
effet un fouterrain qui alloit jufqu'au
Temple, & ce fouterrain, qui fubfifte
encore en partie, fut appellé dès ce

tems-là l'Antre de la Sybile de Cumes,
& en a conservé le nom jusqu'aujour-
d'hui. Ce qui en reste m'a paru très-
beau & très-bien percé. J'ai eu la curiosité d'aller jusqu'au bout , c'est-à-dire,
jusqu'où l'on peut aller. On m'y fit voir,
dans un petit espace séparé, la fontaine
où la Sybile avoit coutume de prendre
le bain. J'en puis parler plus savanment
que personne ; car j'y tombai tout de
mon long, & en sondai la profondeur
avec le nez par la faute de celui qui nous
éclairoit. Comme il y a fort peu d'eau
& beaucoup de pierres, je risquai moins
de me noyer, que de m'estropier. Heu-
reusement j'en fus quitte pour une lé-
gére contusion au menton & une grande éclaboussure dont j'eus la basane un
peu rafraichie. Voici l'histoire de la Sybile dans un sens plus naturel. On dit
que c'étoit une Prude, qui pour jouir
en secret des embrassemens d'un Prêtre
d'Apollon, avoit fait creuser cet antre,
lequel aboutissoit à la demeure de son

Amant. Elle avoit eu l'art de faire accroire aux habitans de Cumes qu'elle
ne ſe renfermoit en ce ténébreux reduit que pour être plus recueillie, &
n'être point troublée dans ſes médita-
tions. Ce ſtratagême lui réuſſit d'autant
mieux, que l'auſtérité apparente de ſes
mœurs l'avoit miſe en grand crédit parmi ſes concitoyens. Le Vulgaire crut
inſenſiblement, la voyant s'abſenter ſi
ſouvent, que le Dieu lui apparoiſſoit
en cet endroit & lui révéloit ſes miſté-
res. Ainſi l'Amour fut de tout tems ingénieux à controuver des moyens pour
cacher ſes intrigues : & l'ignorance ſu-
perſtitieuſe, toujours avide du merveilleux, a ſouvent donné une interpréta-
tion ſacrée aux démarches les plus profanes. Combien eſt-il encore aujour-
d'hui de fauſſes Prudes qui, à l'exemple de la Sybile, ſavent ſe conſerver
l'eſtime & le reſpect général ſans qu'il
en coute rien à leurs paſſions! Combien
d'Hipocrites enfroqués, qui, couvrant

comme elle leurs appétits luxurieux du voile imposant de la piété, s'abandonnent à toutes sortes de débauches sans compromettre leur réputation ! Quiconque connoit un peu le plaisir, conviendra que ces honnêtes gens le goutent d'une façon bien plus délectable, que ceux qui vivent dans le tumulte du monde. Les devoirs de bienséance & de sagesse attachés à l'état qu'ils ont embrassé, font un frein qui irrite leurs désirs, & les tient, pour ainsi dire, incessanment en haleine. Comme rien ne les dissipe, ils ont toujours le cœur plein de ce qu'ils aiment; & le mistére & la contrainte font chez eux, si j'ose user de cette expression, l'assaisonnement & la sauce des plaisirs. L'abnégation apparente de ces bons Bigots est un rafinement inexprimable en matiére de sensualité. Ils n'ont fait des douceurs de l'amour un fruit défendu que pour le trouver plus exquis, que pour le savourer plus délicieusement lorsqu'ils peu-

vent le cueillir à la dérobée. C'eſt par
une politique ſi bien entendue que les
Réclus de l'un & l'autre ſexe goutent
des joies preſque céleſtes, tandis que
les gens du ſiécle énervés & languiſ-
ſans, agoniſent d'ennui au ſein même
des voluptés.

Je ne puis m'empêcher de citer ici
pour exemple des feux dévorans que
recéle la Robe monacale, une avanture
qui m'arriva en Flandres. Je me trouvai un jour ſeul avec deux Religieuſes
dans le caroſſe de St.... à B.... L'une
étoit une vieille ratatinée preſqu'aveugle, qui gromeloit ſes Agnus, & rou-
pilloit alternativement; l'autre un Ten-
dron de dix-huit ou vingt ans, d'une
figure charmante, & douée de tous les
appas dont les Nonains ſont d'ordinaire
pourvues, c'eſt-à-dire, qu'elle avoit un
teint frais & repoſé, mêlé de roſes &
de lis, ni trop, ni trop peu d'embon-
point; les plus beaux yeux du monde,
d'où s'échapoient les regards les plus

vifs & les plus ardens malgré les efforts qu'elle faifoit pour les rendre modeftes ; ajoutez à cela deux globes jumeaux qui fembloient, par de continuels mouvemens, vouloir fe révolter contre la guimpe qui les refferroit. Dieux! il m'en fouvient encore. Qu'ils étoient blancs, qu'ils étoient ronds, fermes & doux au toucher ; car je les ai palpés, baifés, fucés ces adorables tétons : jamais on ne fe trouva dans une circonftance plus heureufe : nous avions été obligés de baiffer les cuirs des portiéres pour nous garantir de la pluie & du vent. L'obfcurité me rendit téméraire. Je feignis d'avoir laiffé tomber un gant ; & en faifant femblant de le chercher, j'avanturai une main fous la robe de cette aimable enfant. Il lui prit alors un treffaillement qui m'annonça que je pouvois tout ofer. Je la faifis entre mes bras, j'imprimai ma bouche fur fes lévres brûlantes, & lui gliffai un baifer à la façon des tourterelles. Ce baifer divin nous embrafa tous deux. En un mot, je crus dans l'ardeur de nos tranf-ports que nos ames fondoient, fe li-quefioient, diftiloient. Ah ! les fuccu-lantes créatures que ces Veftales Chré-tiennes ! & qu'il eft doux de leur faire tranfgreffer le Vœu de Chafteté !

Je reviens au lieu de la Sépulture de Partenopé, * & du Poëte de Mantoue. † Un ignorant diroit tout uniment Na-ples; mais un homme érudit n'eft pas fait pour s'exprimer d'une maniére fi fimple. Ce feroit favoir en pure perte que de ne pas donner des preuves de ce que l'on fait. Les connoiffances hu-maines font à l'efprit ce que les ajufte-mens font au corps. On ne feroit pas plus curieux d'orner & de parer l'un que l'autre, fi l'on étoit féqueftré pour jamais de tout commerce avec les hom-mes. C'eft l'œil du Public qui entretient

* C'étoit une des Sirènes, qui fe précipita de défefpoir de n'avoir pu toucher Uliffe.
† Virgile.

en nous l'émulation & la vanité : & c'eft
ce même Public, dont chacun ambi-
tionne le fuffrage, qui fait faire à l'imagination de fi fréquens écarts, & lui
fait enfanter tant d'inepties.

Parmi les merveilles de Naples on
admire la Grote de Poufolo, qui eft un
chemin d'environ fept à huit cens pas
de long, percé dans une efpéce de roc.
La furprife néanmoins qu'un pareil ouvrage caufe au premier inftant, dimi-
nue lorfqu'on vient à confidérer la chofe
de près, & qu'au lieu d'une pierre dure
& folide, on ne trouve qu'une terre
liée d'argile & de fable. Je ne fais fi le
bout de chemin de Paris à Fontaine-
bleau n'a pas couté plus de peine à ap-
planir. Pour ce qui eft des prodiges de
la Nature, la Zolfatara en eft un digne
de la curiofité univerfelle. Il n'eft pas
concevable quelle abondance de fou-
fre s'évapore inceffanment en fumée de
cette montagne. Je ne fuis pas étonné
que l'on craigne d'être quelque jour

abimé fous les ruines du Pays; car il y
a lieu de croire que l'agitation & le combat perpétuel des matiéres inflamma-
bles l'ont miné de toute part.

La Grote del Cane eft un petit efpace de terrain où il fait fi chaud, qu'à
la longue on s'y brûleroit les pieds.
C'eft là que de pauvres chiens pour le
profit de leurs maîtres, font condam-
nés à fouffrir les agonies de la mort
toutes les fois qu'il y vient quelqu'é-
tranger. On étend ces malheureux ef-
claves de Jean de Nivelle, & à la minute même les yeux leur fortent de la
tête, ils tirent la langue, ils enflent, &
ont des convulfions affreufes. Comme
je n'aime point à voir fouffrir le prochain, je fis ceffer d'abord cette inhumaine expérience, & délivrai le patient
qui étoit déja tellement ivre, qu'à peine
il pouvoit fe tenir fur fes jambes.

Il y a auffi dans le voifinage des étuves naturelles qu'on prétend avoir la
vertu de purger le fang & de dégager

la limphe des concrétions occasionnées par un levain vénérien. Si la chose est vraie, les nourrissons de saint Côme ne doivent pas faire un grand débit de leur vieux oing en ce Pays-là. J'ajouterai à ces curieuses remarques celle du plus précieux monument de la persécution des vieux Chrétiens. Ce sont des souterrains immenses connus sous le nom de Catacombes, où tous les Fidéles se refugioient avec leurs familles pour se mettre à couvert de la barbarie des Payens. Comme la plupart y ont été inhumés, c'est aujourd'hui le grand reservoir où l'on pêche les saintes Reliques que le Pape distribue à son Eglise. Quelques vilains Hérétiques ont voulu insinuer qu'il y avoit eu aussi beaucoup de scélerats enterrés parmi ces honnêtes gens, & que l'on a peut-être souvent tiré de cette sacrée carriére le squelette d'un Pendart pour celui d'un Saint. Eh bien, admettons la méprise : n'est-ce pas la foi qui fait tout ?

Quand le Saint Pere auroit béni par mégarde la carcaſſe d'un Roué ou d'un Pendu, elle n'en ſeroit pas moins bénite, ni moins digne de notre vénération. S'il eſt vrai, comme cela n'eſt pas douteux, qu'il ait le droit de conſacrer une Marionette, un morceau de pierre ou de bois, qui peut lui conteſter celui de ſanctifier des os vermoulus, & d'en faire des reliquaires? L'un ne me paroit pas plus difficile que l'autre.

Une choſe encore admirable à voir c'eſt le ſang de ſaint Janvier * qui fermente & bouillonne ordinairement lorſqu'on en approche le chef. Il a néanmoins par fois des caprices, & ne veut point remuer quelque priére qu'on lui faſſe; ce que l'on ne manque pas d'interpréter alors comme un mauvais préſage. Cet accident arriva un jour en préſence d'un Proteſtant de diſtinction, †

---

* Patron de Naples.
† L'Amiral Byng dans ſon expédition de Sicile en 1718 ou 19.

qui étant averti que la multitude s'en prenoit à lui, fe retira prudenment. En effet, il n'eut pas le dos tourné, que le miracle fe fit. Il y aura peut-être des efprits vetilleurs qui attribueront ce prodige à la malice des Prêtres. C'eft leur affaire. Quant à moi, je fais ce que j'en dois croire.

Dans la plupart des Villes d'Italie on baptife les Théâtres du nom de quelque Saint, comme les Eglifes. Celui de faint Charles à Naples eft un des plus grands & des plus fuperbes édifices que l'on puiffe voir. Il a fix rangs de loges. J'y vis repréfenter l'Opera devant Leurs Majeftés. C'étoit juftement le jour de la Fête du Roi. La Cour étoit en grand gala, c'eft-à-dire, des plus brillantes. Si mes yeux furent fatisfaits de la beauté du Spectacle, mes oreilles le furent médiocrement du fon mélodieux des voix par la difficulté de les entendre. Il me femble que dans un Pays où l'on chante & où l'on ne heurle pas, des Sales de

médiocre grandeur feroient plus con-
venables. Je fais cette obfervation parce
qu'on s'eft toujours plaint que la Sale
de l'Opera de Paris eft trop petite, &
ce n'eft pas fans raifon. En effet, les
chofes doivent être proportionnées.
Comme en France on fe pique moins
de chanter que de crier à tue-tête, &
que c'eft un mérite que de faire beaucoup de bruit & d'étourdir l'Auditoire
par de foudroyans éclats, les lieux deftinés à cette forte de tintamarre ne fauroient être trop fpacieux. Meffieurs les
François voudront bien me pardonner la hardieffe que je prens de m'expliquer fi librement fur leur mauffade
& affommante façon de glapir. Ma dé-
cifion eft d'autant moins fufpecte de
partialité & de préoccupation, que perfonne jadis n'a plus gouté que moi l'art
de rompre mélodieufement les oreilles à autrui; & ce n'eft qu'à force de
m'être fait rire au nez, & d'entendre
chanter ailleurs, que je me fuis dé-
pouillé

pouillé du préjugé national à cet égard.

Les Italiens font, fans contredit, les feuls qui fachent tirer parti de leurs gofiers; ce qu'ils doivent indubitablement à la douceur de leur langue; car il feroit abfurde de croire que la Nature leur eût donné le gout du chant exclufivement à tout autre Peuple. On ne manque ni de gout, ni d'intelligence en France; & cependant l'on n'y fait point chanter. D'où cela peut-il venir, finon du défaut réel de l'Idiôme ? Ce qu'il y a de conftanment vrai, c'eft que de toutes les Nations de l'Europe, la nation Françoife eft celle qui fait le plus de bruit, & touche le moins en chantant.

Heureufement elle fe fuffit à elle-même, & fe met peu en peine des applaudiffemens du dehors. La célébre Mademoifelle Le Maure avoit affurément le plus beau fon de voix du monde; mais elle n'étoit jamais plus applaudie que lorfqu'elle crioit de toutes fes for-

F

ces, & l'on appelloit cela chanter au
parfait, *à ravir*, *comme les Anges*, *divi-
nement*. Le fameux Farinelli l'ayant entendue un jour, dit, que c'étoit un ma-
gnifique diamant monté fur plomb.
Cette comparaifon eft bien humiliante
pour Meffieurs les Badauts, qui la re-
gardoient comme la premiére Chan-
teufe de l'Univers. Néanmoins le fentiment de Farinelli eft celui de tous les
Etrangers. Mademoifelle Le Maure,
avec fon organe célefte, auroit été fiflée
par-tout ailleurs qu'en France. C'eft en
vérité dommage que notre langue ne
puiffe pas comporter un meilleur gout
de chant. Je ne répondrois pas, fans
ce défaut-là, que nos Opera ne furpaf-
faffent ceux d'Italie; & peut-être trouvera-t'on, fi l'on veut m'écouter, que
je n'avance rien de trop. Il n'y a perfonne qui ayant lu les Poëmes Lyri-
ques François & Italiens, ne donne la
préférence aux premiers. Il eft certain
que Quinaut & plufieurs autres mo-

dernes ont fait des chefs-d'œuvres en ce genre. Armide, Phaëton, Atys, Iffé, l'Europe galante, les Elémens, font pour la liaifon des Scénes, la beauté du Dialogue & la délicateffe du Madrigal des morceaux incomparablement fupérieurs aux plus parfaits Opera d'Italie. A l'égard de la Mufique, s'il eft vrai que fon excellence confifte dans l'art éloquent de repréfenter les paffions au naturel, de rendre exactement le fens des paroles, de peindre, en un mot, la penfée, peut-on refufer ce talent merveilleux au grand Lully? Combien compte-t'on de Muficiens en Europe, je ne dis pas que l'on puiffe mettre au-deffus, mais à côté de lui? Combien en trouvera-t'on qui aïent connu l'harmonie comme Rameau? Mais c'eft un préjugé généralement rèçu qu'il n'y a de bonne Mufique que celle qui nous vient de delà les Monts; & c'eft infulter au gout univerfel que d'ofer n'être pas de ce fentiment. Je voudrois pour-

tant bien demander à ces partifans entêtés du mérite des Italiens , ce qu'ils
penfent du favant & gracieux Handel.
Je crois que, malgré leur préoccupation, ils ne refuferont pas de le mettre
au premier rang des plus illuftres Muficiens, & cependant Handel eft Alle-
mand.

Il faut avouer que la brillante renommée que l'Italie s'étoit aquife dans différens arts, ne fe foutient plus que par une
vieille tradition. Elle a eu autrefois l'a-
vantage de voir naître en fon fein les
plus grands Peintres & Sculpteurs, les
plus habiles Architectes; mais que les
chofes ont changé depuis! Ce font aujourd'hui les Etrangers qui brillent dans
les Academies de Rome : & fes écoles
font tellement déchues de leur ancienne
fplendeur, que celles de Paris, quoique
bien éloignées de la perfection, font
maintenant les premiéres. Une preuve
encore que la Mufique Italienne n'eft
pas toujours ni fi raviffante, ni fi mer-

veilleuſe qu'on ſe l'imagine, c'eſt que pendant le récitatif chacun tourne le dos au théâtre, & qu'on ne ceſſe de cauſer que quand un de ces animaux que l'on a dégradés de la qualité d'homme pour le bizarre amuſement de nos oreilles, vient fredonner un air éternel, ſouvent moins analogue que cloué au ſujet. A l'égard des autres agrémens qui font partie d'un Opera, la queſtion, je penſe, ſe décide d'elle-même en faveur des nôtres. Indépendanment de ce qu'ils ſont plus courts de moitié, la langueur des Scénes en eſt ſauvée par la variété du Spectacle, par pluſieurs Balets auſſi ingénieux que galans, & par le fréquent changement de décorations, enfin par l'exécution admirable des machines.

J'eſpére que mes Lecteurs (excepté les gens à préjugés) ne deſapprouveront pas ces obſervations. Au moins, me flatté-je qu'ils me feront la juſtice de croire que je ne ſuis point épouſeur de parti, & que l'amour idolâtre de mon Pays ne m'aveugle pas.

Après avoir fuffifanment fatisfait ma curiofité à Naples, je revins à Rome, d'où je partis pour Venife par la route de Lorette, voulant faire d'une pierre deux coups, c'eft-à-dire, prendre en paffant une fraiche provifion d'Indulgences, afin de pouvoir pécher en fûreté de confcience pendant le Carnaval.

C'eft à Lorette, comme tout le monde fait, qu'on voit la véritable Maifon où la Vierge nâquit, & qui fit partie de fa dot lorfqu'elle époufa Jofeph. Cette maifon étant reftée à Nazareth dans une parfaite tranquilité jufqu'à la fin du treiziéme fiécle, les Anges la tranfporterent en Dalmatie. Ils lui firent faire depuis plufieurs voyages; & enfin, fatigués, fans doute, de la promener, ils l'ont fixée au lieu où elle eft aujourd'hui. Vraifemblablement elle y reftera, ne pouvant être mieux que fur le domaine du Vicaire de Jefus-Chrift.

La vénération que les Fidéles ont pour ce facré Monument, lui a fait donner, par excellence, le nom de *Sancta Cafa*. A la fimplicité de l'édifice on ne fe perfuaderoit pas aifément que la Reine des Cieux y eût pris naiffance, fi on ne favoit point que le Fils de Dieu vint au monde dans une Etable. Ce faint Habitacle n'eft compofé que de quatre murailles de briques, qui forment un quarré long. Il y a lieu de croire par la reffemblance des matériaux à ceux que nous employons maintenant pour bâtir, que le grand art de faire la brique, n'eft point une invention moderne, & que du tems d'Hérode on avoit déja cet admirable fecret. Il n'eft pas même poffible de penfer autrement, fans quoi il faudroit revoquer en doute la vérité du miracle ainfi que l'antiquité du bâtiment; mais le fait une fois pofé que la brique ait été alors en ufage, il n'y a pas la moindre difficulté à croire le refte, avec un peu de Foi. Je ne vois pas plus d'inconvénient à donner créance à cette merveilleuſe hiſtoire, qu'à celle d'un Saint dont j'ai oublié le nom, qui traverſa le vaſte Océan ſur une meule de moulin; & cependant la choſe eſt conſtanment vraie & bien atteſtée par la même meule que l'on conſerve encore aujourd'hui pour fermer la bouche aux Epilogueurs, & confondre les incrédules.

On dit que la Madone qu'on voit maintenant dans la *Sancta Caſa* eſt de la façon de ſaint Luc. Qu'elle ſoit de lui ou d'un autre, il n'eſt pas aiſé d'en diſcerner le travail ſous les riches & pompeux ornemens qui la couvrent. Au reſte, ſans juger témérairement des talens de ſaint Luc, je crois que c'étoit un bon Evangeliſte & un mauvais Sculpteur.

Si je ne me ſentis pas une dévotion bien ardente pour cette vénérable Statue, je me ſentis en recompenſe une émotion ſi tendre à l'aſpect de ſes pré-

cieufes nipes, que je n'aurois peut-être
pu m'empêcher de plier la toilette de
notre Dame, fi mes yeux convoiteux
avoient été doués d'une vertu magné-
tique & attractive.

On rapporte que les Turcs, grands
pourchaffeurs de bijoux, tenterent plufieurs fois de piller le tréfor de Lorette; mais qu'ayant été miraculeufement
frappés de la berlue à chaque defcente
qu'ils firent, ils ne fe font pas avifés d'y
revenir depuis. Je ne jurerois pas que
je n'aie été auffi un peu puni de ma con-
cupifcence; car je me rappelle qu'au
moment même que je fixois mes regards avides fur les facrés joyaux, je
fus foudain affligé de vertiges & d'une
migraine affreufe.

Quoique le tréfor foit une efpéce de
magazin des préfens que les Princes
foumis au faint Siége ont envoyés depuis plufieurs fiécles à notre Dame, on
l'exalte un peu trop à mon avis. Il eft
certain qu'on y voit des morceaux d'un

grand prix; mais ces chofes ne font admirables que pour ceux qui n'ont rien vu de mieux. La Galerie du Grand-Duc de Tofcane, même telle qu'elle eft encore aujourd'hui, renferme des piéces que toutes les riches breloques & la facrée Orfévrerie de Lorette ne suffiroient pas à payer. Que de profanes connoiffeurs & gens de gout préféreroient la Vénus de Médicis *in naturalibus*, à la Madone endimanchée & chargée de fes plus beaux atours! auffi cette incomparable Vénus n'eit point un ouvrage de faint Luc. *

Je fis provifion avant de quitter Lorette, de grains bénits, de Rofaires, d'Agnus Dei, & autres femblables denrées. On ne fauroit croire de quelle reffource font quelquefois ces pieufes babioles pour fe faire des amis. Souvent de pareilles guenilles m'ont applani bien des difficultés dans le cours

---

* Quelques idiots fe font mis en tête de le faire Peintre & Sculpteur.

de mes avantures galantes. Telle Agnès que les larmes, les foupirs & l'or n'auroient pu corrompre, s'eft fouvent attendrie à la vue d'un chapelet ou d'une image miraculeufe. C'eft de cette maniére que les Caffards porte-frocs favent engeoler de jeunes innocentes & fe procurer les plus charmantes jouiffances.

Je diftribuai affez heureufement ma dévote marchandife dans mainte Ville de la Romanie, excepté à Boulogne, où une Chambriére me donna la gale pour une médaille de notre Dame. Au refte, ce que je trouvai de confolant dans cette difgrace, c'eft que la fille étoit jolie, & qu'on ne pouvoit guères gagner la gale à meilleur marché.

Tandis que j'en fuis fur mes bonnes fortunes, le joyeux Lecteur ne me faura peut-être pas mauvais gré de lui raconter ce qui m'arriva dans le bateau de pofte de Ferrare à Venife. Il eft inutile d'annoncer qu'en ces fortes de voitures, la compagnie n'eſt pas toujours triée ſur le volet : perſonne n'ignore cela. Nous étions alors un mêlange bigarré de toute eſpéce de Paſſagers. Il y avoit des Capucins, des donneurs de bonne avanture, des Comédiens, des Empiriques & quelques filoux, qui tous auſſi honnêtes gens les uns que les autres dans leurs états reſpectifs, alloient jouer leurs différens rôles chez les Vénitiens. Il n'eſt pas queſtion en pareille rencontre de faire trop le déli-cat, & de tenir ſon quant-à-moi. Je me livrai de bonne grace à l'honorable ca-ravane. Nous ne fimes qu'une même table & vêcumes tous de pair à compa-gnon. Je m'étois attaché en entrant à une petite Camuſon aſſez ragoutante, qui alloit éprouver ſes talens dans les rôles de Soubrettes au Théâtre de ſaint Angelo. Je lui avois promis d'appuyer ſon début de tout mon crédit, moyen-nant quoi je devins en très-peu d'heu-res ſon Confident & ſon Favori. Pour

ne point fcandalifer les Spectateurs,
elle tâchoit de concilier les bienféances
& les menues libertés qu'elle m'accor-
doit. Il nous arrivoit pourtant quelquefois d'avoir réciproquement une main
en campagne, mais avec tant de dextérité, que l'œil le plus fubtil n'y pouvoit
rien voir. Comme on eft obligé de paffer la nuit dans cette barque, & que
l'on n'y a pas toutes fes commodités,
chacun s'arrange de fon mieux; l'un fe
vautre fur un coffre, l'autre fur un por-
te-manteau, celui-ci fur un banc, celui-
là fur le plancher; en un mot, tout le
monde eft pêle-mêle, fort ferré & très-
mal à fon aife.

J'avois obfervé l'endroit où ma petite Comédienne s'étoit poftée, & il me
tardoit que le filence & le fommeil re-
gnaffent parmi cette canaille pour aller
me dédommager de la contrainte du
jour. Lorfque je crus pouvoir hazarder
l'avanture, je me gliffai en tâtonnant
vers le célefte grabat de mon Héroïne.

Déja je fentois ce friffon, ces treffaille-
mens toujours précurfeurs des plaifirs
& fouvent bien plus délectables. Le
cœur me battoit, l'eau me venoit à la
bouche ; enfin, je touchois à ce moment tant défiré, au moins m'en flat-
tois-je. Je m'étois agenouillé près de
l'objet prétendu de mon ardeur : alors
ma main impatiente s'égara en tremblant fous fa jupe. Miféricorde! quelle
jupe ! je m'en fouviendrai éternellement : c'étoit le fale cotillon d'un des
Révérends Peres Capucins. Je me trouvai les quatre doigts & le pouce fi avant,
que l'infect Cénobite fe réveilla en fur-
faut, criant d'une voix de Stentor, *La-*
drone, *ladrone*. Qu'on fe peigne, fi l'on
peut, l'embarras & la confufion où cette
méprife me jetta. Accablé de frayeur
& de honte, je voulus regagner mon
gîte; mais je ne le pus faire fi adroitement, que je ne culbutaffe fur la plupart de mes compagnons de voyage.
Ils fe mirent tous à faire chorus avec

le Capucin. Cependant à la faveur du braillement général, ayant un peu repris mes sens, je demandai ce qui pouvoit occasionner un tel tintamarre ; à quoi le Moine barbu répondit, qu'on avoit voulu le voler. Qui, vous, Pere, m'écriai-je ? êtes-vous un homme volable ? & quand cela seroit, convient-il à quelqu'un de votre Robe de former des soupçons aussi injurieux sur les honnêtes gens qui sont ici ? Fi, Pere, où est la charité chrétienne ? où est l'amour du prochain que vous recommandez à autrui dans vos Sermons ? êtes-vous dispensé de pratiquer les vertus que vous prêchez ? Cette véhémente remontrance produisit un effet admirable. On loua autant mon zéle que l'on blâma l'indiscrétion du Capucin ; & l'on conclut que sa Révérence avoit fait un mauvais rêve.

Je n'eus garde, après ce qui venoit de se passer, de vouloir essayer une seconde tentative : je restai tranquile &

coi le reste de la nuit, parfaitement
guéri de mon amour, & m'applaudis-
sant en secret que personne ne sût le
vrai de l'histoire. Le lendemain chacun
de nous s'évertua contre le pauvre Penaillon, qui fut le but de nos froids
sarcasmes jusqu'à Venise, où nous arri-
vames le même soir.

On peut dire que cette Ville est très-
belle & unique pour sa singularité : quoique bâtie au milieu des eaux comme
celles de Hollande, elle ne leur ressem-
ble pas plus qu'à celles de Terre-ferme.
Une de ses grandes commodités est de
pouvoir en aborder toutes les maisons
soit à pied ou en gondole.

On ne peut guères définir le Carnaval de Venise qu'en disant que c'est une
espéce de Foire & d'Entrepôt de tous
les plaisirs. Le déguisement consiste en
un manteau, une sorte de grande Ba-
gnolette, un masque blanc sur la figure,
& le chapeau sur la tête. L'un & l'autre
sexe est ajusté de la même maniére. Ce

genre

genre de vêtement uniforme & mono-
tone n'eft pas fort récréatif à la longue ;
mais en revenche, rien n'eft plus commode : outre que l'on ne fauroit être
vêtu à meilleur marché, on a auffi l'a-
vantage de garder l'*incognito* en Public.

Si l'on réunit le Carnaval d'hiver, celui de l'Afcenfion & quelques Mafcara-
des extraordinaires dans des jours de
réjouiffances , on peut dire que l'on
porte à Venife un vifage de parchemin
au moins la moitié de l'année, au moyen
de quoi, pendant tout ce tems-là, les
belles & vilaines phifionomies font au
pair.

Le rendez-vous général eft à la Place
faint Marc, laquelle eft divifée en deux
parties, & forme une efpéce d'équerre.
Le côté qui regarde la Mer eft ordinairement rempli d'une multitude de Char-
latans, tous tâchant par des voies également honnêtes d'attraper l'argent des
Curieux. Cela fait un fpectacle des plus
burlefques, & dont il n'eft pas aifé de

G

fe former une idée exacte; il faut l'a-
voir vu. Ici un marchand d'Orviétan
exhauffé fur un échafaut de trois ou
quatre planches, préfente aux yeux du
peuple une phiole pleine d'un Elixir,
qui par fa vertu merveilleufe émouffe
le tranchant du cifeau d'Atropos, &
reffufcite les trépaffés. A quelques pas
delà fon confrere lui lançant un regard
ironique en hauffant les épaules, aver-
tit charitablement fon auditoire, qu'il
n'y a pas un plus grand empoifonneur
dans le monde : en même-tems il leur
montre une petite boîte où eft renfer-
mé le reméde univerfel : c'eft un bau-
me, dit-il, qui pris intérieurement, ou
appliqué en topique, fait des cures mi-
raculeufes; apoplexies, vertiges, gou-
tes, rhumatifmes, humeurs froides,
ulcéres invétérés, morfures venimeu-
fes, plaies incurables : il n'eft pas un de
ces maux qui ne céde fur le champ à
l'efficacité du Spécifique : enfin, le ha-
rangueur, pour prouver qu'il n'en im-

pofe point, fe fait mordre d'une vipére qui n'a point de dents, & fe trouve guéri dans la minute au grand étonnement de l'affiftance.

Un peu plus loin une Bohémienne du Pays, Devinereffe fi jamais il en fut, applique à l'oreille du premier Benet qu'elle accroche, un long tuyau, à travers lequel elle lui débite miftérieufement de profondes & vagues bille-vefées. Si par hazard (ce qui arrive fouvent) fes prétendues découvertes femblent quadrer à quelques circonftances de la vie du pauvre idiot, alors la Sybile s'écrie : *Non e vero, Signore ? non e vero ?* & chacun applaudit à fon favoir fuprême.

D'un autre côté un réparateur de machoire humaine, auffi fier que le gros Thomas* de la nobleffe de fon art, fait à la vue de tous une épreuve de fa dextérité en tirant une dent poftiche de la

* Celui qui depuis quarante ans brife des machoires fur le Pont-Neuf.

bouche d'un Goujat fans lui caufer la moindre douleur : ce que le Quidam attefte aufli-tôt, prenant à témoin faint Antoine de Padoue & les ames du Purgatoire. Dieu fait après un fi beau coup à combien de patiens cet honnête Opérateur ébranle les mandibules ! C'eft alors une vraie comédie de voir les grimaces & les contorfions de ceux qui fe font martirifer de fa façon.

Ici, l'on montre un ours ; là, Polichinelle fait un vacarme de tous les diables ; plus bas, ce font des faifeurs d'équilibre & des danfeurs de corde ; plus haut, des chanteufes de rues, qui s'égozillent & s'enrouent fans pouvoir fe faire entendre. Le Commentateur de Miffon dit que pendant ce tintamarre, il y a des Prédicateurs qui entrent dans la foule, & déclament contre la débauche. Cela pouvoit être jadis ; mais maintenant ces fortes de Bateleurs font bande à part, & ne fe mêlent point parmi les autres. Ils ne jouent leurs farces que

les jours qu'il n'y a point de mafcara-
des. L'article fur lequel ils infiftent le
plus dans leurs exhortations, c'eft la
charité pour les ames en féqueftre entre le Paradis & l'Enfer. On fait que
ce qui hâte leur délivrance, ce font les
Priéres & les Meffes : on fait auffi que
les Papelards ne les donnent point gratis ; de maniére qu'il faut que quelques
bons Ifraëlites les paient. Il y a toujours
pour faire la cueillette, un homme qui
fe promène dans l'auditoire tenant une
longue perche fourchue, au bout de laquelle pend un fachet qu'il fecoue à la
barbe de tout le monde. Cet Original
reffemble affez à quelqu'un qui pêche
à la ligne, avec cette différence qu'il
pêche d'ordinaire à coup fûr.

De peur de l'oublier, je rapporterai
ici un trait de Badauderie bien fingulier, & qui juftifie, à mon fens, tout
genre de furprife & de curiofité. Voici
le fait. Plufieurs jeunes gens fe raffem-
blent fur la Place faint Marc, déguifés

en Poſtillons, & ſe diſputent l'honneur
de faire le mieux claquer leur fouet. Ils
ſont toujours environnés d'une foule
innombrable de peuples, qui prêtant
ſérieuſement l'oreille à ce deſagréable
bruit, ſemblent y trouver quelque choſe
de mélodieux & d'harmonieux. Cela
paroit d'abord bizarre, & pourtant rien
n'eſt plus naturel. Comme les voitures
roulantes, ni les chevaux ne ſauroient
être d'aucun uſage à Veniſe, le commun des habitans n'en a qu'une notion
très-imparfaite, & l'on peut dire, ſans
être hiperbolique, qu'il y a nombre de
Vénitiens qui n'ont jamais vu ni cheval, ni caróſſe. Or, il n'eſt pas étonnant que le claquement d'un fouet, inſ-
trument tout-à-fait étranger à leurs
oreilles, ait pour eux le mérite de la
nouveauté. Tel eſt le foible de l'eſprit
humain, que les choſes les plus ſim-
ples qui ne lui ſont pas familiéres, le
frapent & fixent ſon admiration, tandis que les plus merveilleuſes auxquel-

les il eſt habitué, font fouvent les objets de fon indifférence & de fes dégouts. J'ai fait cette petite remarque
pour donner à entendre que la fotte
curiofité eſt d'ordinaire moins le défaut des fots, que celui des gens fans
expérience, & que la furprife étant ré-
lative au dégré d'ignorance où l'on eſt
de ce qui fe pratique dans le monde,
il s'enfuit néceffairement que tous les
hommes font plus ou moins Badauts.

C'eſt une opinion reçue depuis long-
tems qu'à Venife on pouffe à l'excès le
libertinage, & que l'on s'y plonge dans
les défordres les plus affreux. Je ne me
fuis pas apperçu qu'on y fût plus débauché qu'ailleurs. J'ai même trouvé
qu'il s'en falloit beaucoup que le débor-
dement y regnât comme à Paris & à
Londres. Les gens ne me paroiffent
pas mieux inftruits du caractère & des
coutumes de la Nation, quand ils pei-
gnent les Vénitiens défians, ombra-
geux, & ennemis de toute fociété. Je

ne difputerai pas que cela n'ait été autrefois; mais on devroit faire attention
que les caractères changent ainfi que les
modes ; & que ce qui étoit en ufage il
y a deux cens ans, peut ne l'être pas
aujourd'hui. Les peuples inceffanment
attentifs à fe copier, font les Singes les
uns des autres. Maintenant, pour me
fervir d'une expreffion que la fatuité
nous a fait adopter, on a par toute l'Europe les maniéres Françoifes. J'ai eu
fouvent occafion de fréquenter de Nobles Vénitiens; je les ai trouvé commu-
nicatifs, affables, polis, en un mot,
pleins de cette urbanité dont nous pré-
tendons être feuls en poffeffion. Leurs
maifons même, quoiqu'on en dife, ne
font point inacceffibles aux Etrangers
qu'ils connoiffent. Il eft vrai qu'ils font
plus refervés & plus prudens que nous
dans le choix de leurs fociétés : je laiffe à
décider fi la maxime eft mauvaife. Un
autre préjugé encore très-faux, c'eft de
croire qu'il y ait du danger à parler po-

litique , & à difcourir des interêts des Princes à Venife. J'ai été témoin que l'on y pouvoit parler auffi librement qu'en aucun endroit du monde : je ne répondrois pas pourtant qu'on ne courût rifque de déplaire à la République, fi l'on s'ingéroit à contrôler la forme de fon gouvernement. Et au fond, qu'y auroit-il d'extraordinaire en cela? L'Etat Vénitien ne feroit point le feul qui s'offensât d'une pareille liberté. Je fuis très-affuré que l'on feroit mal fa cour aux Anglois fi on alloit leur vanter l'efclavage & les douceurs du defpotifme. On ne feroit , fans doute , pas mieux accueilli des François en leur prêchant la Démocratie & l'anéantiffement du pouvoir arbitraire. Toute Puiffance, quelle qu'elle foit, eft toujours jaloufe de fes conftitutions , & fouffre impatienment qu'on les cenfure. A l'égard des chofes qui n'intereffent pas directement les Loix fondamentales d'un Pays, chacun a droit d'en dire fon fentiment, & c'eſt ce que les Vénitiens ne défendent à perſonne. Ils entendent même aſſez bien la raillerie. Je leur ai ſouvent vu reprocher, ſans qu'ils s'en formaliſaſſent, la liberté qu'ils laiſſent aux Gondoliers, eſpéce de vermine auſſi inſolente & plus incommode que le corps des Laquais de Paris. Ces Canailles ont le privilége d'entrer gratis dans tous les Spectacles, & d'y commettre les plus grandes indécences. Ils ſe guindent dans les Loges qu'ils ſavent ne devoir pas être occupées ; delà ils ſiflent ou applaudiſſent les Acteurs, & ſe récréent à qui décochera le plus adroitement des crachats ſur la phiſionomie des Spectateurs. Il n'eſt pas douteux que le Sénat ne ſente parfaitement combien de tels abus ſont ſcandaleux & ridicules. Cependant comme, malgré les plaintes & les remontrances, on ne ſonge pas à les reprimer, il y a lieu de croire que la République a de fortes raiſons pour les tolérer. Vraiſem-

blablement elle n'en a pas de moins so-
lides pour souffrir qu'un tas de gueux
ofent faire du Palais Ducal un Privé
commun. On conviendra qu'il est bien
choquant de voir de magnifiques esca-
liers de marbre éternellement remplis
d'ordures. * Mais toute réflexion faite,
où est-ce que le bas peuple n'abuse pas
de la bonté de ses Supérieurs ? A ces
petites irrégularités près, Venise est,
sans contredit, l'endroit du monde où
l'on peut le plus agréablement tirer
parti de la vie. Une des grandes commodités de ce séjour délicieux, & que
j'approuve fort, quoique je ne sois pas
autrement salope, c'est de pouvoir avec
décence y frauder les droits de la Blan-
chisseuse & du Barbier à la faveur du
masque & du manteau.

On trouvera peut-être bien étrange
que j'aie vêcu dans une Ville aussi char-

* La propreté n'est pas la vertu favorite des
Italiens en général. Tous les beaux & superbes
monumens de Rome font profanés de la même
manière.

mante, fans régaler mes Lecteurs du moindre récit de mes prouesses amoureuses. En effet, peut-on être François & n'avoir pas mille chofes intereffantes à dire fur ce chapitre? Quelle Nation ofe nous difputer l'art de plaire fouverainement au beau fexe? Quel eft le cœur qui puiffe nous échapper quand nous prenons la peine de l'attaquer férieufement? Qui peut réfifter à nos tranfports, à nos tendres faillies, en un mot, à nos belles maniéres? Perfonne affurément. Il n'appartient qu'à nous de moiffonner des mirtes où les autres font trop heureux de glaner. Quoique tout cela foit vrai au pied de la lettre, j'avoue de bonne foi ma turpitude ; à moins que je ne mente pour l'honneur de la Patrie, je ne faurois me vanter en confcience, d'avoir eu aucun hazard qui vaille la peine d'être cité. Et pourquoi ne mens-tu pas, boureau, fe récrieront nos Muguets de Ruelle ? Serois-tu le premier, ferois-tu le dernier menteur fur cette matiére? c'eſt bien à nous qu'il convient d'être ſcrupuleux & modeſtes. Ignores-tu que ce qui nous donne la prééminence ſur autrui, que ce qui établit notre mérite, c'eſt la vanité & l'effronterie? Ce ſont ces vertus ſuprêmes que nous poſſédons à un dégré ſi éminent, qui en impoſent par-tout en notre faveur, & font voler notre renommée d'un Pole à l'autre.* Voilà certes un langage bien ſéduċteur; & il n'eſt guères poſſible en y prêtant l'oreille, qu'on ne ſe ſente quelque démangeaiſon de jaſer. De crainte donc de céder à des argumens ſi preſſans, je me ſauverai par une prompte tranſition de Veniſe en Etrurie,† & mes Leċteurs me ſuivront à Florence ſi c'eſt leur fantaiſie.

A conſidérer la ſituation de cette Vil-

_____

* Il ſemble qu'un Auteur qui reléve ainſi les ridicules de ſa nation, ne s'eſt point arrogé mal-à-propos le nom de Citoyen de l'Univers. On peut dire à ſa gloire, que s'il ménage peu ſes compatriotes, il ne leur fait pas injuſtice.

† La Toſcane.

le, la majefté de fes édifices, la douceur de fon climat, les délices de fon terri- toire, on n'a pas de peine à fe perfua- der qu'elle ait été du tems des Medicis le fiége de la galanterie & le rendez- vous de tous les plaifirs. Il y a appa- rence qu'elle feroit encore aujourd'hui ce qu'elle étoit autrefois fi le Souverain y réfidoit.

J'ai été frappé en y entrant d'un coup d'œil fuperbe, qu'on m'a affuré n'être qu'un foible crayon de l'ancienne ma- gnificence des Florentins. Je vis une infinité de caroffes auffi leftes que bril- lans, remplis de Dames & de Cava- liers vêtus d'une richeffe & d'un gout admirable. Ce pompeux cortége em- barraffoit tellement le rues, que nous fumes contraints d'attendre plus d'une heure avant de pouvoir paffer. Je me perfuadai que tant de fracas ne pouvoit être occafionné que par quelque grande fête. Il me tardoit d'être à mon auberge pour m'en inftruire. Mais j'eus lieu d'être bien étonné lorſqu'on me dit qu'un Gentilhomme du Pays qui vouloit ſe faire Moine, étoit cauſe de tout ce bruyant & faſtueux appareil. On alloit le complimenter de la ſottiſe qu'il faiſoit de renoncer au commerce des honnêtes gens pour s'enrôler parmi une troupe de mépriſables fainéans. Ainſi les bâtards des Apôtres ont trouvé le ſecret d'annoblir & de faire reſpecter le genre de vie le plus abject & le plus à charge à la ſociété.

Il y a une autre coutume encore qui n'eſt pas moins bizarre & qui concerne auſſi la Moinerie, je veux parler des *Spoſe Monache* ou filles déſignées pour l'Etat Religieux. Ajuſtées d'une maniére tout-à-fait galante & embellies de toutes les ſuperfluités du Siécle, on les promène dans de beaux Equipages à pas d'Ambaſſadeurs : on leur fait voir tout ce qu'il y a de rare : on les mène aux Spectacles, au Bal & dans les plus belles Aſſemblées : en un mot, on les

gorge, pour ainſi dire, de tous les plaiſirs mondains afin de les en dégouter.
Je ne crois pas l'expédient infaillible.
Au moins eſt-il certain que ſi dans l'intervale il ſe préſente quelque bon épouſeur, il eſt rare que la ſainte fiancée ne
rompe ſes engagemens avec Jeſus-
Chriſt.

J'ai eu la curioſité d'aſſiſter à la priſe
d'habit d'une de ces déplorables victimes de l'avarice de leurs parens. La
triſteſſe peinte dans ſes yeux n'annon-
çoit que trop que ſa vocation n'étoit
pas ſincére ; mais les regards menaçans
d'une mere inhumaine lui arracherent
un conſentement contre lequel ſon cœur
proteſtoit malgré la violence qu'elle ſe
faiſoit pour cacher ſon trouble. Il ne
m'eſt pas poſſible d'exprimer la douleur & l'indignation que je ſentis à la
vue d'une cérémonie auſſi barbare. Je
me ſauvai de l'Egliſe le viſage couvert
de mon mouchoir que je baignai de mes
larmes, & je bénis mille fois les Peuples

ples qui ayant en horreur ces infames
& tiranniques abus, ne connoiffent de
Prifons que pour les malfaiteurs.

Les François, gens à préjugés plus
qu'aucune Nation du monde, croient
les Italiens, & principalement les Florentins, les plus jaloux & les plus vindicatifs de tous les hommes. Ils ne font
pas attention, comme je l'ai déja remarqué ci-deffus, que les coutumes ne
font pas aujourd'hui ce qu'elles étoient
autrefois. Mais comment s'imagine-
roient-ils cela? eux qui ne favent pas
que la grande liberté ou plutôt le libertinage qui regne maintenant en France, auroit revolté les moins fcrupuleux
des fiécles paffés. On ne connoiffoit
point jadis les Spectacles & les Jeux.
Ne pourroit-on pas dire auffi avec raifon, qu'on n'avoit pas encore éprouvé
les défordres que ces fortes de paffe-
tems ont introduits dans toute l'Europe? Le François étoit autrefois, comme les autres Peuples, ce qu'il nous a

H

plu de désigner par le nom de Jaloux:
il n'auroit pas trouvé bon que sa femme désertât sa maison pour consumer
dans les Opera , les Assemblées & les
Parties secrétes de plaisir, le fruit de ses
épargnes & de son travail , ainsi que
cela se pratique aujourd'hui. Il em-
ployoit son argent à quelque chose de
plus utile ; & sa femme sage & modeste
ne songeant qu'à lui plaire, ne désiroit
d'être belle que pour lui. Que les cho-
ses sont différentes à présent, je ne dis
pas seulement en France, mais par-tout
ailleurs ! Le Luxe, le Jeu, les Spécta-
cles, la Coquetterie ont changé, pour
ainsi dire, la face de l'Univers.

Revenons aux Florentins : ils sont si
peu enclins à la jalousie, que leurs femmes ont presque toutes des Galans en
titre sous le nom de Sigisbés. Quant à
l'esprit de trahison & de vengeance dont
on les taxe, le reproche ne me paroit
pas mieux fondé. J'ai entendu plusieurs
fois un de mes indiscrets compatriotes

s'exhaler contr'eux en invectives , & les provoquer d'une maniére fi outrageante, que je ne doute pas qu'en tout autre Pays on ne lui eût rompu les os, & cependant il eft forti fain & fauf de Florence. Au refte, fuppofons les Italiens en général vindicatifs & traitres, ce n'eft pas un vice particulier du cœur qui les rend tels ; mais l'impunité du crime & la sûreté qu'il y a à le commettre en fe refugiant dans une Eglife ou quelque maifon privilégiée. On a trouvé la vengeance plus facile & moins perilleufe de cette façon, & la chofe a paffé en ufage, comme elle pafferoit indubitablement ailleurs fi on y avoit les mêmes immunités. Quoiqu'on en dife, je ne vois pas qu'un homme dont on flétrit l'honneur, foit beaucoup plus coupable de faire affaffiner fon ennemi que de le tuer de fa propre main : c'eft une juftice qu'il fe rend, à laquelle il ne manque que la forme. Ce n'eft pas pourtant que j'approuve ni l'un ni l'autre cas, à Dieu ne plaife; je m'en tiens au précepte du Décalogue : *Homicide point ne feras*, &c.

J'ai reconnu les Defcendans des vieux Etrufques à une courfe de chariots, qui eft précifément celle qu'Horace décrit dans fa premiére Ode. Ils font trois fois le tour de deux bornes plantées, chacune aux extrêmités de la Place, & vont d'un train fi rapide, que fans leur grande dextérité, Meffieurs les cochers rifqueroient de laiffer quelques-uns de leurs membres fur l'Aréne.

La courfe des chevaux Barbes en liberté n'eft pas moins divertiffante. L'éguillon de la gloire, joint à l'efpérance d'un picotin d'avoine, donne à ces animaux tant d'ardeur, qu'on les perd de vue en un clin d'œil : on prétend qu'ils font une groffe lieue en moins de quatre minutes. Ce qu'il y a de fingulier, c'eft qu'ils fe piquent tellement d'émulation, qu'il eft rare que chemin faifant, ils ne fe mordent les uns les autres.

De Florence je fus à Pife; c'eft une belle & grande Ville ; mais prefqu'inhabitée aujourd'hui en comparaifon de ce qu'elle étoit autrefois. J'y vis cette fameufe Tour qui panche confidérablement d'un côté, & non pas de tous fens, ainfi que bien des gens le croient.

Le grand charnier ou le *Campo Santo* mérite l'attention des Curieux. Il fervoit anciennement à inhumer les Payens que l'on mettoit dans de grands coffres de pierre fermés d'un femblable couvercle. Les Catholiques n'ont pas dédaigné de mêler en ce lieu profane leurs précieufes reliques avec les cendres de ces miférables réprouvés. Il eft vrai que l'eau bénite purifie tout.

Je ne dirai rien de Livourne, finon que c'eft une petite Ville fort jolie, fort bien percée, & qui rend de groffes fommes à l'Empereur, quoiqu'elle ait un Port franc.

Quand on ne veut point perdre fon

tems à Lucques, on fait le tour de ſes ramparts & on paſſe outre.

Gênes, par la magnificence & l'éléva-tion de ſes Palais, eſt digne, ſans con-tredit, du titre de Superbe. Après le coup d'œil de Conſtantinople & de Na-ples, il n'en eſt guères de plus beau dans un certain éloignement. J'y ai trouvé Meſſieurs des deux Portiques * un peu collets montés & gourmés de leur nobleſſe, défaut aſſez ordinaire des Chefs de Républiques qui veulent tou-jours trancher des petits Souverains. Lorſque les Troupes Françoiſes & Eſ-pagnoles étoient ſur leurs terres, il fal-loit pouvoir produire une ſuite d'An-cêtres auſſi ancienne que le Déluge, ou, du moins, être Lieutenant-Général pour avoir l'honneur de figurer à côté d'eux dans de vieux fauteuils de Bar-bier.

Les Dames Gênoiſes ſont comme à Florence, eſcortées d'une legion de Si-

* Les Nobles Génois.

gisbés. C'eſt une choſe bien étrange à voir que la ſervitude volontaire à laquelle ces fous-là ſe font voués. Le métier de forçat eſt infiniment moins pénible. Soumis en aveugles aux fantaiſies, aux caprices de leurs Belles, il n'y a point de perſonnages auxquels ils ne ſe prêtent pour leur plaire. Sont-elles dévotes ? ils les accompagnent conſtanment à l'Egliſe, & ne leur parlent d'amour qu'en ſtile pieux & le chapelet à la main. Aiment-elles la diſſipation, les viſites, la promenade? ils trotent toute la journée ſans aucun relâche à côté de leur chaiſe. Ont-elles du gout pour la retraite ? ils deviennent ſolitaires. En un mot, ce font des Protées qui prennent toutes les formes qu'on exige d'eux, & qui bien ſouvent n'obtiennent pour prix de leur complaiſance & de leurs aſſiduités, que le triſte honneur d'être les écuyers menins de ces idoles, & rien de plus.

De retour d'Italie, je renouvellai

promptement mes finances, & la rage de courir me poffédant plus que jamais, je dirigeai mes pas vers le Brandebourg. J'avois formé depuis longtems le deffein de faire ce voyage. Il me tardoit d'admirer le Salomon du Nord, * & de remonter, pour ainfi dire, à la fource de toutes les merveilles que la Renommée publioit de lui. J'arrivai à Berlin rempli de ces douces & flatteufes efpérances. Mr. de Va.... à qui j'étois recommandé de bonne part, me reçut très-bien , & m'introduifit dans plufieurs des principales maifons de la Ville, où je fus comblé de politeffe. Il en eft d'un Etranger comme d'un Débutant au Théâtre : on le traite pour l'ordinaire avec indulgence , & fouvent on lui fuppofe des qualités qu'il n'a point. On jugea de moi fi favorablement, qu'on ne s'en tint pas à la fuppofition : j'eus le malheur d'être décidé

* Mr. de Voltaire appelle ainfi le Roi de Pruffe.

prefqu'unanimement homme d'efprit ;
je dis le malheur, parce que cela mit
les Jaloux en campagne & fit fonner le
tocfin par un Juif errant, foi-difant Lit-
térateur, lequel vit des aumônes de la
Cour. On fait que la plupart des Souverains d'Allemagne font dans l'ufage
d'avoir des fous à leur folde. Le Roi
de Pruffe, qui fait mieux que perfonne
apprécier le mérite des gens, a cru
trouver dans ce miférable regrâtier d'é-
crits tout ce qui étoit néceffaire pour
remplir dignement le rôle de bouffon.
En conféquence il l'a créé le Trivelin
ordinaire de fes plaifirs ; & quand il
veut prendre quelque relâche & s'arra-
cher au férieux des affaires, il s'amufe
de fon bavardage comme le grand La
Fontaine s'amufoit des parades de la
foire. Or, ce Particulier-là me ravalant
jufqu'à croire que je vouluffe partager
fes honneurs & fon pain, fe mit à cla-
bauder de tous fes poumons contre
moi. Il fit plus ; il me fit tenir des pro-

pos touchant la Cour auxquels je n'ai jamais penfé; & produifit pour preuve incontestable de ce qu'il avançoit , le témoignage facré de deux infantes de Couliffe. * Un témoignage dé ce poids ne pouvoit pas, manquer d'avoir fon effet. Je fus déclaré coupable fans appel. Mr. de Va.... qui jufqu'alors avoit eu la bonté d'époufer ma caufe, crut devoir ceffer de le faire; & en adroit Politique, abandonna le foible pour fe ranger du côté du plus fort. Enfin, s'étant rendu aux preffantes follicitations de la Cabale, il me dépêcha une miffive par laquelle il me donnoit avis que le Roi étoit extrêmement irrité contre moi, & que j'avois tout à craindre de fon reffentiment. Je donnai dans le piége comme un bon Picard que je fuis. Je fis à la hâte un paquet de toutes mes nipes & décampai auffi brufquement que quelqu'un qui a les Records à fes trouffes. Il faut avouer que

---

* Les Cochois.

je me comportai en franc Lourdaut dans cette occafion. Pouvoit-il tomber fous le fens à quelqu'un qui a la faculté de penfer, qu'un grand Monarque fût fenfible aux prétendus difcours d'un chétif Particulier tel que moi? Suppo-fons que par étourderie il me fût échap-pé quelqu'expreffion déplacée, étoit-il naturel de croire qu'il s'en offensât? J'ai été pourtant affez fot pour me le perfuader; & je ferois mort fans doute dans mon erreur, fi des perfonnes inf-truites & dignes de foi, ne m'avoient détrompé, en m'affurant que le Roi étoit fi peu au fait du tour qu'on m'a-voit joué, qu'il ignoroit même que j'exiftaffe. Voilà comme les iniquités paffent fouvent fur le compte des Sou-verains, & font commifes en leur nom, fans qu'ils y aient aucune part. Ah! que fi les Maîtres de la Terre avoient le fecret de fcruter les cœurs, que de monftres, en qui ils mettent leur confiance, deviendroient les objets de leur averſion & de leurs mépris!

Je n'ai pas fait un aſſez long ſéjour à Berlin pour en parler du ton de quelqu'un qui auroit eu le tems de le connoître à fond. Je me contenterai de dire que c'eſt une Ville qui ne ſauroit manquer d'être bientôt au nombre des plus floriſſantes du Monde par la protection ouverte que le Roi accorde aux arts, à l'induſtrie & aux talens.

Les Troupes de Pruſſe ſont inconteſtablement les plus belles que l'on puiſſe voir. Je crois que l'on pourroit dire auſſi les meilleures, s'il eſt vrai que la bonne diſcipline faſſe le bon Soldat.

Tout a l'air guerrier & militaire à Berlin. On s'imagineroit, à y voir tant de Héros, que c'eſt moins une Cour que la Réſidence de Mars. Cependant quoique le Roi faſſe ſa principale occupation des armes & de la ſcience du Cabinet, il n'eſt point ennemi des plaiſirs, & ſes Sujets jouiſſent de tous les amuſemens des grandes Villes.

La circonſtance du mariage de Monſieur le Dauphin avec une Princeſſe de Saxe, me fit naître l'envie d'aller à Dreſde. La petite diſgrace que je venois d'eſſuyer, m'avoit tellement dégouté de la fréquentation des Grands, que loin de tenter à me produire de nouveau, je reſtai conſtanment dans la foule & gardai l'*incognito*, charmé de n'avoir plus rien à craindre de la malignité des Jaloux.

La Cour de Saxe a toujours paſſé pour une des plus brillantes de l'Europe. Je ne ſais ſi elle n'a point enchéri alors ſur ſa magnificence ordinaire, au moins eſt-il certain que je n'ai jamais rien vu de plus ſomptueux & de plus galant. Nos bons amis de France en furent pour leurs fraix : leurs ajuſtemens couleur de roſe & bleu céleſte, ne cauſerent ni la ſurpriſe, ni l'admiration dont ils s'étoient flattés. Ils eurent la modeſtie, pour la premiére fois, de s'avouer vaincus en fait de parures;

aveu d'autant plus mortifiant, qu'ils fe croyoient invincibles fur cet article. Les Saxons ne s'entendent pas moins bien à donner des fêtes, différens en cela de nous autres qui en imaginons communément de charmantes, que nous exécutons à faire pitié. La raifon de cela, c'eft qu'il n'y a point d'ordre chez nous. Je me fouviens de celles que l'on donna au mariage de Madame Pre-miére. Les apprêts en étoient fuper-bes; ils répondoient parfaitement à la grandeur du Monarque qui les ordon-noit, & promettoient tout ce que l'on pouvoit imaginer de plus pompeux & de plus éclatant. Cependant chacun fait quelle en fut l'exécution. Le fameux Bal paré du Salon d'Hercule* fut gâté & peut-être deshonoré par les brufques incartades qu'effuyerent les Da-mes que la curiofité y avoit attirées de

* Peint par Le Moine, qui fe poignarda de défefpoir de ce qu'on lui refufa le falaire de fon travail. On prétend qu'on lui paya tout au plus fes couleurs.

Paris. Voici le fait pour ceux qui l'ignorent. Feu Mr. le Duc de la Trémouille, Seigneur aussi recommandable par les charmes de la figure, que par les qualités de l'esprit & du cœur, étoit chargé en qualité de Premier Gentilhomme de la Chambre de la distribution des Places. Il étoit trop poli, trop galant, pour desobliger un Sexe dont il avoit toujours été l'idole. Dès qu'une jolie femme se présentoit, elle étoit sûre d'être placée. Malheureusement il s'en présenta un si grand nombre, que les gradins se trouverent presque tous remplis quand la Cour arriva. Je laisse à penser de quelle indignation furent alors pénétrées les Duchesses, les Marquises, les Comtesses & toutes ces femmes qui ont le privilége de balayer les appartemens du Louvre avec des queues de cométes. Quel crévecœur pour des personnes d'un si haut parage, de voir leurs places occupées par de petites Bourgeoises, qui peut-

être, aux titres près, n'auroient pas
moins contribué qu'elles à l'embelliſſe-
ment de la Fête! Il n'y avoit nulle apparence que ces grandes Dames euſſent la patience de demeurer plantées
ſur leurs patins, tandis que cette colo-
nie de Plébeyennes aſſiſes bien à leur
aiſe, les nargueroient & s'applaudi-
roient de leur triomphe en faiſant l'a-
gréable exercice de l'éventail. Auſſi
n'eurent-elles pas cet avantage. Il fut
arrêté ſur le champ qu'elles vuideroient
le terrain, & s'en retourneroient à Paris comme elles en étoient venues. Mais
comment faire pour les déloger? Elles ſe trouverent toutes alors du Régi-
ment de Champagne : nulle ne voulut
obéir. On prétend même qu'il y en eut
une aſſez réſolue pour bleſſer les oreilles dévotes du M. de N.... par un
énergique vas te faire, &c. Ce qu'il y
a de vrai, c'eſt que toutes étant ſourdes
aux priéres, aux très-humbles remontrances, même aux menaces, on fut
obligé

obligé de faire venir un détachement
des Gardes du Corps. Il faut rendre
juſtice à ces Meſſieurs; quoiqu'entiérement dévoués au ſervice du Roi, ce ne
fut pas ſans beaucoup de répugnance
qu'ils exécuterent ſes Ordres : mais la
loi du devoir les forçant d'étouffer les
nobles ſentimens de généroſité & de
pitié dont ils ſe ſentoient émus, ils ba-
layerent le Salon dans la minute. *La
choſe ſe paſſa avec tant de rumeur, de
confuſion & de déſordre, que cela reſ-
ſembloit parfaitement à l'enlevement
des Sabines; avec cette différence pourtant que la violence qu'on fit à celles-
ci avoit un motif plus flatteur pour leur
amour-propre; car on conviendra qu'il
eſt plus honorable à de jolies femmes
de ſe voir enlevées que chaſſées. Fina-
lement, les pauvres Pariſiennes perdi-
rent leur étalage; & les pompons de

* Il n'y eut que feu Mad. de la Marteliére
qui fut reſpectée; auſſi étoit-il bien juſte que l'i-
mage vivante de la mere des Amours fût privilégiée.

I

la Duchap , * & lés bijoux d'emprunt
ne fervirent qu'à rendre leur honte plus
éclatante.

Les réjouiffances du mariage de Monfieur le Dauphin n'eurent pas un meilleur fuccès. Le Roi & plufieurs perfonnes de diftinction ont penfé être étouf-
fés au Bal de l'Hôtel de Ville. Ce qu'il
y a de fingulier dans toutes ces pompeufes affemblées, c'eft que les Maîtres
ont plus de peine à s'y introduire que
leurs Valets.

Fermons ici notre parentéfe, & re-
tournons en Saxe. Je ne ferai point
bâiller mes Lecteurs par le détail des
Fêtes dont j'ai été témoin à Drefde.
Que pourrois-je leur apprendre à ce
fujet qu'ils n'aient lu & relu dans toutes
les Gazettes de ce tems-là, auffi-bien
que dans les élégantes Nouvèlles à la
main du C. de M....? J'ajouterai feulement que la magnificence du Comte

___

* Célébre Marchande de modes , vis-à-vis le
Cul-de-fac de l'Opera.

de Bruhl furpaffe dè beaucoup tous les éloges qu'on en fait. S'il eft vrai, comme l'on dit, que ce foit le Roi de Pologne qui brille par fon Miniftre, on peut dire que le Miniftre remplit admirablement bien les intentions de fon Maître & lui fait honneur.

Ce n'eft pas fans fondement qu'on donne aux Saxons le fobriquet de Gafcons d'Allemagne. En effet, ils font plus déliés qu'aucuns Peuples de la Germanie : & quoique Paris mérite préférablement à toutes les Villes du monde, d'être appellée l'Univerfité des Filoux, il eft certain que Drefde & Leipfick font, après elle, de merveilleufes écoles en ce genre, & peuvent le difputer à Turin, qui de tems immémorial a produit des fujets extraordinaires dans l'art de piper les dez & de filer la carte.

La.... ou la Voute verte eft un des plus riches & des plus beaux tréfors qu'il foit poffible de voir. On y mon-

tre un très-gros diamant verd , qu'on
dit être l'unique en Europe, & que l'on
met au-deſſus de tout ce qu'il y a de
plus précieux. Comme je ne ſuis pas
bijoutier, & que je ne parle jamais af-
firmativement des choſes que je n'en-
tens point, je ne décide pas ſi l'éloge
eſt hiperbolique ou non.

La Maiſon d'Hollande paſſe auſſi
pour une merveille : c'eſt une eſpéce de
Magazin de tous les chef-d'œuvres en
porcelaine de Saxe & du Japon. Il eſt
certain que l'œil ne ſauroit rien voir
de plus beau; mais à conſidérer la fra-
gilité de ſemblable matiére, il doit pa-
roître bien étonnant que l'on y ait attaché une ſi haute valeur , & que tant
de gens ſacrifient par vanité, le réel à
ces diſpendieuſes & ſuperbes bagatel-
les que la mal-adreſſe d'un Domeſtique
peut détruire en un inſtant. Vive les
choſes ſolides. Je penſe, à cet égard,
comme nos bons vieux peres ; & j'ai
plus de reſpect pour la vaiſſelle au poin-

çon de Paris, que pour les plus rares
piéces du Japon & de la Saxe, dont les
morceaux ne font d'aucune reffource.

J'ai entendu chanter à l'Opera la célébre Fauftine, qui en confidération de
fes anciens talens & de fa grande réputation, n'étoit pas moins applaudie que
lorfqu'elle rivalifoit l'incomparable Farinelli. Il me parut que la juftice qu'on
rendoit à fon mérite paffé, pouvoit fe
comparer aux éloges funébres que l'on
prodigue à la mémoire de quelqu'un
qui n'eft plus.

Peu de tems après mon retour de
Saxe, je réfolus d'aller promener mes
ennuis du côté de l'Efpagne, voulant
connoître par moi-même un pays dont
j'avois ouï dire généralement tant de
mal. Il me prit envie, en paffant par
Montpelier, * de profiter de l'occafion
& de me faire leffiver dans la Pifcine

* De crainte qu'on ne foit inquiet fur ma fan-
té, il eft bon que l'on fache que j'ai fait un fecond voyage exprès à Montpelier.

de faint Côme : mais quand je réfléchis que cette opération requeroit un confinement de fix ou fept femaines, j'abandonnai un fi raifonnable projet & je pourfuivis ma route jufqu'à Perpignan. Là je fus contraint de laiffer ma chaife dans une Auberge, * ne pouvant continuer de courir la pofte à caufe des montagnes. L'honnête homme † auquel je la confiai, eut, par un excès de zéle pour mes interêts, l'attention de la louer le plus fouvent qu'il put en mon abfence, de crainte qu'elle ne dépérît fous la remife, au moyen de quoi la rouille ne s'y mit point. Que ceux qui voyagent, fe fouviennent de cette leçon, & ne confient jamais à de pareilles canailles que ce qu'ils ont envie de perdre.

J'arrivai à Barcelone la veille de la Fête-Dieu. Si nos imbéciles Flamands n'avoient pas confervé les rites bigots

* Chez La Forét, au Lion bronzé.
† Le même La Forét.

des Espagnols, je racontérois à mes Lecteurs les folies scandaleuses dont j'ai été témoin à la Procession du saint Sacrement dans cette Capitale de Catalogne. Mais quand on a vu les Processions de Cambray, de Valenciennes & de la plupart des Villes de Flandres, on sait tout ce que l'on peut savoir là-dessus.

Je ne saurois m'empêcher de faire ici une observation sur l'effronterie avec laquelle nos Prêtres se déchaînent contre les Payens. N'ont-ils pas bonne grace de leur reprocher le culte aveugle qu'ils rendent à des Divinités imaginaires, & de tourner en ridicule leurs cérémonies religieuses, tandis qu'eux-mêmes dégradent & avilissent le souverain Etre par les actes les plus extravagans d'idolâtrie & de superstition? Quelle pitoyable idée ont-ils du Maître de l'Univers, s'ils espèrent se le rendre propice, & lui faire agréer leurs hommages par des Mascarades & d'im-

pertinentes Pantalonades ! En vain ils
fe fortifient de l'exemple du Prophéte-
Roi, qui danfa devant l'Arche ; fa joie
immodérée, fes cabrioles & fes gam-
bades ne font pas le plus beau de fon
hiftoire.

Comme il n'eft pas prudent de voyager feul en Efpagne à caufe des Ban-
douliers, j'attendis pour me remettre
en chemin, que plufieurs chaifes allaf-
fent à Madrid. Dans cet intervale j'em-
ployai mon loifir à me promener & à
fatisfaire ma curiofité. Un jour que je
paffois en revue les Belles prenant le
frais fur leurs balcons, j'apperçus une
grande brune qui me fit figne d'entrer
chez elle. Tout autre que moi, peut-
être, en pareille rencontre fe feroit fe-
crétement flatté d'avoir fait une conquête ; mais j'ai fi peu connu en ma vie
les bonnes fortunes, que telle penfée
ne s'offrit point du tout à mon efprit.
Je crus feulement que cette honnête
perfonne étoit une de ces Déeffes qui

vivent du produit quotidien de leurs attraits. Le gout décidé que j'ai toujours eu pour les plaifirs faciles, ne me permit pas de laiffer échaper une fi belle occafion. Je volai à fon appartement. Mais quelle fut ma furprife lorfque cette aimable inconnue m'appellant par mon nom, vint me fauter au col ! J'étois fi peu préparé à ce courtois accueil, que je reftai fans parole.... A ton air embarraffé, dit-elle, je penfe que tu ne me reconnois pas, & je n'en fuis point étonnée : indépendanment de ce que je n'ai jamais été de figure à efpérer qu'on fe fouvînt long-tems de moi, il faudroit que tu euffes une prodigieufe mémoire pour avoir confervé le fouvenir de toutes les femmes que tu as vues ; car il n'y a guères de libertins (foit dit entre nous) qui aient autant fréquenté les maifons de fcandale que toi.... Oh ! je vois bien, interrompis-je, que tu me connois parfaitement : ça, ma Reine, rappelle-moi donc où nous nous fommes vus ; eſt-ce chez la Florence, chez la Paris, ou la Lacroix ? eſt-ce chez la Carlier ? Juſtement, dit-elle, ce fut chez cette derniére que tu me jouas un tour pendable. Je demeurois alors en mon particulier. Il n'entroit chez moi que des gens graves, portant le bec à cor-bin & la perruque à répétition. Ma porte étoit fermée aux têtes à l'évent. Tu me follicitois depuis long-tems pour obte-nir la permiſſion de me venir voir ; mais tu étois trop diſſipé, & n'étois point aſſez vieux. Je te fis accroire que j'a-vois un Amant jaloux qui ne me quit-toit jamais. Ces prétendues difficultés, au lieu de rallentir ton ardeur, ne firent que l'irriter. Tu t'adreſſas par hazard à la Carlier chez qui je faiſois quelquefois à la fourdine des paſſades.... Je me rap-pelle le reſte, lui dis-je avec précipita-tion. Tu te rappelles donc, reprit-elle en riant, que tu avois promis de me donner deux louis d'or, & que tu me renvoyas avec un écu. J'avoue, répon-

dis-je, que le préfent étoit mefquin;
mais, outre que la médiocrité de mes
finances ne me permettoit pas de mieux
faire, je m'étois abonné à ce prix-là,
par économie chez toutes nos vénéra-
bles Matrones. D'ailleurs, à te parler
franchement, quand j'aurois eu en ma
difpofition la caiffe du Tréfor Royal,
je n'aurois point voulu m'expofer à
perdre l'amitié & l'eftime des Belles par
une fotte prodigalité, perfuadé comme
je le fuis du mépris fouverain qu'elles
ont pour les dupes. Mais dis-moi, je
te prie, quel démon favorable t'a tranf-
plantée ici, & t'a mife dans cet état d'o-
pulence où je te vois? Affeyons-nous,
répondit-elle, & tu feras fatisfait dans
la minute; car les longs narrés me cau-
fent des vapeurs.

Je fuis fille d'une blanchiffeufe de la
Montagne fainte Geneviéve. Quant à
mon origine paternelle, je n'en ai jamais rien fu. Un Carme de la Place
Maubert m'a donné les premiéres le-

çons d'amour. Sous la diſcipline d'un pareil maître, il n'y avoit qu'à profiter. Auſſi devins-je en moins de rien une excellente écoliére. Mais les pratiques lui venant de toute part, & ſes aſſiduités envers moi diminuant lorſqu'elles m'étoient devenues le plus néceſſaires, je me livrai à la conduite d'une appareilleuſe qui me produiſit dans le monde ; & depuis j'ai ſi bien cultivé dans cette grande école les principes de, mon Carme, que j'ai eu l'honneur d'aquerir preſqu'en débutant le renom d'une des plus ſignalées Catins de Paris. Sur ces entrefaites la Police ayant pris connoiſſance de mon caractère, m'envoya paſſer un femeſtre à la grande maiſon. *Il y avoit environ un an que j'en étois ſortie, lorſque tu te mis en tête de me coucher ſur ton catalogue, & trouvas le moyen de me punir du péché d'avarice. Peu de tems après un Officier des Gardes Walones s'étant

* L'Hôpital.

amouraché de moi, me propofa de le
fuivre en Efpagne : il étoit généreux &
riche; je me laiffai perfuader, & nous
vinmes ici. En un mot, pour me fervir d'une expreffion que j'ai lue quelque part, nos mirtes au bout de trois
femaines furent convertis en ciprès. Le
pauvre garçon mourut de la petite ve-
role. Sa mort m'affligea d'autant plus
fincérement, que je me trouvois dans
un Pays étranger fans reffource & fans
appui. Grace à ma bonne étoile, j'en
fus quitte pour la peur. Un Commiffaire du Saint-Office vint effuyer mes
larmes. C'eft à fon amour que je dois
l'heureufe condition où je fuis maintenant. Miféricorde! m'écriai-je, c'en eft
fait de ma liberté fi cet homme-là me
trouve ici. Sois tranquile à cet égard,
dit-elle, tu ne le verras point : il eft allé
à Gironne pour affaire, & je ne l'attens
que dans quinze jours. Tant mieux,
repris-je, car je t'avoue que je ne voudrois pas pour toute chofe au monde,

avoir rien à démêler avec gens de cette Robe. Mais il me paroit que Mr. l'In-quifiteur fait admirablement bien les chofes. Te voilà meublée comme une Reine.... Bagatelle que tout cela, mon cher ; imagine-toi que depuis dix-huit mois que je vis avec lui, j'ai déja épar-gné près de quinze cens piftoles d'or. Comment diable ! il eft donc bien ri-che! Ces gens-là, répondit-elle, ne le font-ils pas autant qu'ils veulent? Tout tremble fous leur pouvoir tirannique. Il faut t'expliquer de quelle maniére nous faifons venir l'eau au moulin. Lorf-que nous favons quelqu'un en argent, nous lui faifons adroitement infinuer qu'on l'accufe au Saint-Office de judaï-fer en fecret. C'en eft affez : coupable ou non, la frayeur le faifit, & nous en tirons tout ce que nous voulons. Quoi! interrompis-je , le cœur ne te repro-che-t'il pas d'employer de femblables ftratagêmes pour faire fortune ? Pau-vre garçon! tu me la donnes belle avec

ta délicateſſe! vas, ſi tu avois auſſi long-
tems que moi mangé le pain d'un Prêtre, tu n'aurois pas la conſcience ſi ti-
morée; & loin d'écouter les ſcrupules,
tu ne trouverois rien d'illégitime pour
t'approprier le bien d'autrui. Elle ap-
puya ces diaboliques maximes d'une
infinité d'autres mauvais raiſonnemens
conformes aux principes de morale
que lui avoit inculqués ſon Inquiſiteur,
& ne ceſſa de me ſcandaliſer lorſqu'on
vint nous avertir que l'on avoit ſervi.
Notre repas fut des plus gais, & nous
ne nous ſéparames que fort avant dans
la nuit, non ſans avoir au préalable dé-
coré d'un panache le front du Commiſſaire du Saint-Office. Enfin, pendant
quatre ou cinq jours que je reſtai encore à Barcelone, elle ne voulut point
ſouffrir que je mangeaſſe à mon Auberge: & ce qui me toucha le plus au moment de notre ſéparation, ce fut l'offre
qu'elle me fit de ſa bourſe. Voilà ſans
doute un procédé bien généreux. Mais

quiconque connoit les filles du monde, n'en fera pas étonné. Elles ont communément le cœur tendre & compatiffant. C'eft, peut-être, une des principales raifons qui m'a rendu leur commerce fi.cher.

De Barcelone je paffai à Sarragoffe, Capitale d'Arragon. J'y vis la célèbre notre Dame *Del Pilar*, qui s'eft trouvé juchée, on ne fait comment, fur une efpéce de colonne. La dévotion des Fidéles lui a bâti une Eglife où elle fait de tems en tems de fort beaux miracles. J'ai été voir auffi dans une Maifon de Moines une collection d'admirables reliques. On m'y montra entr'autres raretés une petite écharde qu'on prétend être une vraie épine de la couronne du Sauveur: elle a été trouvée miraculeufement parmi des ronces dans le voifinage du Calvaire. Mais ce que les bons Religieux eftiment par-deffus tout, c'eft un trou en forme de puits où font renfermées quantité de carcaffes de faints

Mar-

Martirs. Un béat Efpagnol qui étoit là préfent comme moi, ayant demandé à voir ce précieux tréfor, on lui répondit gravement, qu'on ne le découvroit qu'aux Souverains. Je ne fus pas fâché qu'il ne s'en trouvât point dans la compagnie.

Il n'eft pas aifé de fe former une jufte idée du defagrément qu'il y a de voyager en Efpagne, fans l'avoir éprouvé par foi-même. J'arrivai à Madrid après quinze jours de marche, exténué de fatigues, prefqu'affamé, demi rôti, & dévoré de vermines. Je vis une belle & grande Ville, bien percée, mais dont les rues font d'une mal-propreté infupportable. Quand il fait un tems humide, on y nage dans l'ordure; quand il fait beau, on y eft fuffoqué par une pouffiére infecte dont l'air eft quelquefois obfcurci. Il y en a qui prétendent que les mauvaifes odeurs font un sûr préfervatif contre la pefte. Cela étant, les Efpagnols & les Portugais n'ont rien

K

à craindre à cet égard ; leur faloperie les met à couvert de ce redoutable fléau.

L'Efpagne eft de toutes les Nations la plus orgueilleufe, & celle qui a le moins de raifon de l'être; à moins que les qualités Monacales, je veux dire le cagotifme, la fainéantife & la craffe ne foient des titres pour s'enorgueillir.

On ne fauroit refufer toutefois beaucoup de bravoure à ce Peuple hautain & fuperbe; mais il feroit à défirer que l'humanité la temperât. On fe fouviendra toujours avec autant d'horreur que d'indignation, des actes cruels & féroces qu'ils ont exercés dans la conquête du Nouveau Monde, & des fleuves de fang qu'ils y ont fait couler. Il n'y a que des Diables ou des Moines qui puiffent leur avoir infpiré tant de barbarie. Si pourtant nous en croyons ces honnêtes gens, ils n'ont eu que de charitables motifs dans cette abominable expédition : c'étoit la propagation de la Foi, c'étoit le falut éternel de tous ces malheureux qu'ils égorgeoient qui les faisoit agir. Quelle infamie! Ainsi la Religion par de sacriléges abus, devient souvent le prétexte des plus noires iniquités; & la méchanceté des hommes va quelquefois jusqu'à rendre Dieu complice de leurs crimes.

Les faux dehors de piété sont tellement en recommandation parmi les Espagnols, que le plus scélerat muni d'un Scapulaire & d'un Chapelet, passera pour un très-bon Chrétien, tandis que le plus vertueux qui négligera d'avoir sur lui de semblables babioles, sera regardé comme un excommunié & un réprouvé. Voilà ce que produisent la superstition & l'ignorance.

Quoique je n'eusse pas sujet d'être content de mon voyage de Madrid, & que je ne dusse point m'attendre à rien de mieux en allant plus avant, j'eus néanmoins la curiosité de pousser jusqu'à Lisbonne.

Cette Ville est bâtie en amphithéâtre le long du Tage, qui eſt en cet endroit-là ſi large & ſi profond, que les vaiſſeaux du premier rang peuvent y mouiller, à la longueur d'un demi cable, des murs du Palais. De deſſus la hauteur le coup d'œil en eſt admirable. Les Portugais ſont un mélange de Négres ou de Mulâtres, preſque tous Juifs de cœur & Chrétiens pour la forme. Les Prêtres & les Moines regnent ſi ſouverainement chez eux, qu'ils les font trembler juſque dans le ſein de leurs familles. C'eſt une choſe revoltante que de voir ces détailleurs d'eau bénite, gras & brillans de ſanté, inſultant à la miſére publique dans de belles chaiſes trainées faſtueuſement par deux ſuperbes mules. Et où croit-on que vont les Penaillons? Confeſſer les Belles & faire des Cocus.

Les femmes du Pays ne ſortent guères que pour aller à l'Egliſe; mais il y a tant de Cérémonies pieuſes, tant de Fêtes, de Proceſſions, de Sermons, qu'elles ont des prétextes continuels d'être dehors. Malheur aux maris qui le trouveroient mauvais ! la fainte Inquifition ne les épargneroit pas : auffi les pauvres diables prennent-ils leur mal en patience fans fouffler le mot. On peut dire que le Portugal eft un Paradis terreftre pour le Clergé & les femmes.

J'ai toujours foupçonné que ce Sexe charmant que nos Caffards appellent, par excellence, le Sexe dévot, étoit dans le Secret de l'Eglife, & que fa dévotion n'étoit que pure grimace, ainfi que chez les Prêtres. Je n'ai jamais eu tant de raifon de croire mon foupçon véritable qu'à Lisbonne. Leur maintien hipocrite a quelque chofe de fi impofant, qu'il n'y en a point qu'on ne prît pour des Saintes, & cependant on fait comme les bonnes ames tirent parti de la vie : au refte, elles ne font que ce que l'on fait ailleurs. La conduite des femmes n'eft par-tout que menfonge & que tromperie.

K iij

J'ai connu une Dame de la meilleure foi du monde à cet égard. On nous accuse, disoit-elle un jour, d'être dissimulées; à qui en est la faute, si ce n'est aux hommes? Y a-t'il rien de plus injuste & de plus ridicule que les loix qu'ils nous imposent? Toutes ces régles de bienséance, cette retenue, cette modestie auxquelles ils nous assujettisent, sont-elles praticables? S'il est vrai que nous soyons paitries de même pâte qu'eux, comme nos passions & nos appétits le démontrent assez, n'est-il pas bien bizarre qu'ils veuillent nous forcer à vaincre une nature à laquelle ils sont incessamment obligés de céder? Telle est donc notre condition, que ne pouvant point obéir à nos tirans, nous sommes contraintes d'avoir recours à la fourbe & au déguisement pour leur repos & pour le nôtre. Ils nous veulent modestes, chastes, discrétes, pieuses : nous prenons le masque de tout cela, au moyen de quoi ils sont contens & nous auffi. Nous nous formons des plaifirs de nos prétendus devoirs. Les rufes que nous inventons pour tromper nos furveillans, ont des douceurs que nous fommes feules capables d'apprécier & de fentir : en careffant nos maîtres, nous les étranglons. C'eft un rafinement de vengeance qui n'eft connu que des gens de Cour, des Prêtres & de nous. Vous l'avouerai-je ? enfin, la Religion elle-même eft une de nos plus grandes reffources pour paffer le tems agréablement : les Eglifes font les entrepôts de nos galanteries ; les Tribunaux de Pénitence, où, profternées aux pieds d'un Directeur, l'on s'imagine que, pénétrées d'un fincére repentir, nous demandons l'abfolution de nos offenfes : ah ! que fi vous connoiffiez combien ces Tribunaux ont des charmes pour nous, vous envieriez notre fort ! Figurez-vous feulement le plaifir que vous auriez de vous confeffer à des Nones, & vous concevrez d'abord le nôtre.

Que dis-je! les hommes deviendroient les plus grands dévots du monde, s'ils avoient, ainfi que nous, l'avantage de fe confeffer à un Sexe différent.

Comme cette Dame en me révélant ces miftéres, ne m'a point recommandé le fecret, je laiffe à la difcrétion de mes Lecteurs d'en faire l'ufage qu'ils voudront.

Le peu d'agrément que je goutai dans mon féjour à Lisbonne, joint à la crainte continuelle où j'étois de tomber fous la griffe de Meffieurs du Saint-Office, me fit prendre la réfolution d'en fortir le plutôt que je pourrois: je ne tardai pas à en trouver l'occafion. Une Flotte Angloife étoit prête à mettre à la voile pour la Grande-Bretagne, je crus ne pouvoir mieux faire que d'en profiter. Je communiquai mon deffein à Mr. de Chavigny, Ambaffadeur de France. Il me demanda fi j'avois oublié que nous étions alors en guerre avec l'Angleterre. Je lui répondis que non; mais que j'étois habitant du Monde, & que je gardois une exacte neutralité entre les Puiffances belligérantes. Si Mr. de Chavigny ne gouta point mes raifons, au moins eut-il la bonté de fe rendre à mes inftances. Il me donna un Paffe-port & en fit demander un autre à Mr. Keene, Envoyé Extraordinaire du Roi de la Grande-Bretagne, qui à la confidération de Son Excellence, ne fit pas difficulté de me l'accorder. Muni de mes deux Patentes, je fus coucher à bord le jour de faint Louis, après en avoir célébré la fête avec Mr. l'Ambaffadeur.

Au bout d'un mois de navigation, le mauvais tems nous ayant obligés de relâcher à Portmouth que nous avions déja dépaffé, j'y débarquai, autant ennuyé de la Mer, qu'enchanté de me retrouver fur une terre que j'aurois préféré au délicieux Jardin d'Eden.

Je pris la Pofte & fus revoir mes bons amis les mangeurs de Roft-beef dans leur Capitale.

Je vêcus dans les commencemens
avec eux auffi entoufiafmé de leur mérite, que l'eft un Amant des attraits di-
vins de fa Maîtreffe les premiers jours
de la jouiffance. Mais comme il arrive
à cet Amant, quand les premiers feux
font éteints, de découvrir dans cet objet de fon adoration, maints défauts
que fon ame préoccupée lui avoit fait
prendre pour des perfeçtions céleftes;
de même quand je fus en quelque maniére raffafié du commerce raviffant
de ces Meffieurs; quand mes yeux, auparavant couverts du voile de la prévention, fe furent deffillés, je ceffai
d'admirer, & bientôt après je m'apperçus que ces hommes merveilleux
avoient leur mauvais côté comme les
autres, & qu'ils n'étoient pas moins extravagans que nous; avec cette différence feulement que nous fommes des
foux gais & joyeux, & qu'ils font des
foux férieux & triftes. Je vis qu'ils ai-
moient mieux paffer pour finguliers,

fantafques, bizarres, que de reffembler
à aucun Peuple de l'Univers. J'obfervai
que dans leurs ufages & leur conduite
ils affectoient d'être le rebours des autres Nations : en un mot, que fi par un
miracle de la Nature, nous devenions
fombres & mélancoliques, ils feroient
par efprit de contradiction, auffi éva-
porés & pétulans que nous le fommes.
Au refte, regardons-les par leur côté
favorable, & nous trouverons que ces
Infulaires font un des Peuples du monde
des plus dignes d'eftime & d'admiration. Ils font braves, humains, magna-
nimes, compatiffans ; ils aiment les arts,
ils les encouragent, ils les cultivent ; ils
confervent entr'eux une forte d'égalité
qui contribue au bien général. Les derniers citoyens jouiffent des mêmes pri-
viléges que les premiers : ils font à couvert de l'oppreffion des Grands ; ils vivent tous, fans diftinction de rang & de
naiffance, fous la protection des Loix ;
ils jouiffent paifiblement de ce qu'ils

ont, fans craindre qu'un pouvoir arbitraire les en prive. Que dirai-je enfin
de plus? les Anglois font libres. Le Souverain ne fauroit enlever aucun Sujet à
la Patrie fous fon bon plaifir. Grace à
la fageffe des Conftitutions du Pays,
fon pouvoir n'eft fans limites que pour
faire le bien.

Tandis qu'en Spectateur impartial,
j'amufois mon loifir à Londres par de
femblables remarques, la plupart des
Princes de l'Europe avoient envoyé
leurs Miniftres à Aix-la-Chapelle pour
travailler à terminer leurs différends &
rétablir la paix. Les Préliminaires furent à peine fignés, que je pris la réfolution d'aller revoir ma Patrie. Je ne
fus pas auffi heureux dans ce voyage
que je m'en étois flatté. Mon mauvais
fort m'attendoit à Paris pour mettre
ma philofophie à la plus defagréable
épreuve & lui donner de l'exercice. Il
y avoit déja trois mois que je m'en-
nuyois dans cette grande Ville, d'où je

me préparois à fortir, lorfqu'un pouvoir fupérieur me contraignit à y refter. Voici l'Hiftoire.

Un Commiffaire & un Limier de Police vinrent un matin me fouhaiter le bon jour au nom du Roi, & me prier de trouver bon qu'ils examinaffent mes papiers. Ces honnêtes gens m'étoient envoyées de trop bonne part pour que je refufaffe de fatisfaire leur curiofité. Ils déchifrerent donc mes Bucoliques, & en ayant fait un paquet qu'ils fcellerent du Sceau de je ne fais qui, ils me fupplierent avec les mêmes politeffes de vouloir bien les accompagner jufqu'au Fort l'Evêque,* non fans avoir eu la complaifance de me communiquer auparavant une Pancarte en beau caractère, fignée Louis. Plaifanterie ceffante, j'obéis, & me laiffai conduire en Prifon.

Comme mes Lecteurs font indubitablement en peine de favoir la caufe d'un

* Prifon Royale dans le centre de Paris.

traitement fi rigoureux, il faut la leur expofer, & leur déveloper des miftéres d'iniquité qui ne font point parvenus à la connoiffance de ceux qui ont fu mon avanture.

Je m'étois amufé dans mes momens oififs à jetter fur le papier quelques idées burlefques que j'avois coufues enfemble : *je fis la fottife d'en faire confidence à un miférable Auteur, couvert du petit uniforme de Prêtre. Ce perfide, auquel, par compaffion pour fes pauvres talens, j'ai fouvent fait des aumônes, fut révéler mon fecret à un triumvirat de coquins, qui m'accuferent dans une Lettre anonime, adreffée à l'Inquifiteur de Police, d'avoir compofé un Libelle contre la Religion & le Gouvernement. Tout autre que ce digne Magiftrat, loin de donner créance à une délation fans fignature, l'auroit jettée au feu; mais celui-ci étoit nouvellement

* Cet Ecrit avoit pour titre : *Margot la Ravaudeufe.*

en place ; il lui tardoit de donner à la Cour des preuves de son zéle & de sa vigilance : peu lui importoît sur qui sa griffe tombât. Il me détacha donc, ainsi que je l'ai dit ci-dessus, mes deux Cerbéres, munis d'une Lettre de Cachet. Quel scandaleux abus ! ne doit-on pas trouver bien étrange que celui dont le véritable emploi est de donner la chasse aux filoux, aux filles de mauvaise vie & à leurs suppôts, de tenir les rues nettes & de les faire éclairer, ait de pareilles Lettres à sa disposition ? Qui sera désormais en sûreté ? Certes, je ne me serois pas imaginé que les honnêtes gens relevassent de la jurisdiction d'un homme de cette trempe, & qu'ils fussent gibier à Police. Je m'étois toujours flatté que l'honneur, l'exacte probité, la droiture, étoient à couvert des recherches de ce Tribunal humiliant, & qu'il n'y avoit que l'infamie qui pût y être citée. Cependant j'ai expérimenté le contraire à ma honte ; car n'en est-ce pas une que d'avoir affaire à ces gens-là?

Mon prétendu Libelle ayant été dûment examiné, le prudent Magiftrat s'apperçut qu'on l'avoit trompé; mais fon infaillibilité ne lui permettant pas d'en convenir, il fallut inventer des griefs qui autorifaffent ma détention. Que fit ce cauteleux & mal-intentionné *Policier?* Il prétendit me faire un crime de mes voyages & me rendre fufpeɛt à la Cour. Le même Commiffaire qui m'avoit arrêté, vint m'interroger par fon ordre; & le maître Gonin employa loyalement toutes les rufes de fa profeffion pour me faire avouer des impertinences. Enfin, ces Monftres, acharnés à me perdre, firent infinuer au Public que j'étois penfionné du Gouvernement Anglois. Que répondre à des calomnies auffi groffiérement imaginées, finon, que ma conduite & ma dépenfe ayant toujours été uniformes, il s'enfuivroit que j'aurois fait le noble métier d'Efpion *gratis?* Que ces infames

mes apprennent à me connoître. S'il est vrai, comme le Chevalier Robert Walpool le prétendoit, que tous les hommes ont leur prix; & s'il étoit vrai, suivant cette maxime, qu'ayant auſſi le mien, je fuſſe capable de vendre mon honneur, aſſurément, ceux qui l'acheteroient, le payeroient bien cher. Mais il y a apparence que le Miniſtre ne prêta pas l'oreille à de pareilles inſinuations, puiſqu'il n'héſita point d'ordonner mon élargiſſement dès les premiers jours de ma détention. On fera peut-être ſurpris que ſes ordres n'aient point été d'abord exécutés, & que je n'aie recouvré ma liberté qu'après le mois révolu, malgré le vif interêt que des perſonnes en place prenoient à mon affaire. Voici pourquoi. Je manquai à la plus eſſentielle des formalités : c'étoit un Placet que Son Excellence de Police attendoit. Si ſans faire mal-à-propos le délicat, j'avois écrit ſur de beau papier : MONSEIGNEUR,

le nommé Guillot, Martin ou Jeanot,
prend la liberté de repréfenter très-
humblement à Votre GRANDEUR,
ou à VOTRE ALTESSE, &c. un
promt élargiffement, fans doute, eût
été la recompenfe de cette baffe & humiliante Supplique, & je n'euffe point
été exilé. En bonne foi, n'eft-il pas
bien ridicule qu'un homme de cette efpéce exige des honnêtes gens les mêmes titres que lui prodiguent les Cu-
reurs de gadoue & les Marchandes de
vieille morue? Parce que la Canaille
l'appelle MONSEIGNEUR, il s'i-
magine être quelqu'un, & n'eft pas content qu'on lui faffe l'honneur de lui
écrire comme on feroit à un Gentilhomme:

O tempora! ô mores!

Que dirai-je de plus? Ce refpecta-
ble Magiftrat ayant tenté vainement
tous les moyens imaginables pour al-
longer le terme de ma prifon, eut l'im-

pudence, au mépris des intentions du Miniſtre, * de ne me ſignifier ma ſortie que le cinquiéme jour après en avoir reçu le dernier ordre.

Plût à Dieu que les Protecteurs des droits du Peuple, je veux dire Meſ- ſieurs du Parlement, le chapitraſſent- ils de bonne ſorte ſur cette prévarica- tion lorſqu'il ira recevoir leurs Veſ- peries. †

Mais pour finir un narré, qui n'eſt déja que trop long, on me ſortit des fers avec injonction, de la part du Roi, de m'éloigner de Paris & de n'en point approcher de cinquante lieues, juſqu'à ce qu'il plaiſe à Sa Majeſté d'en ordon- ner autrement. J'ai cru ne pas me ren-

---

* C'étoit Mr. de Maurepas.

† Le Lieutenant de Police eſt obligé d'aller une fois ou deux l'an, rendre compte de ſa con- duite au Parlement. On rapporte que le Pre- mier Préſident Mr. Duharlay dit autrefois à quel- qu'un qui exerçoit cette commiſſion : Maître Tel , la Cour vous recommande Clarté, Netteté & Sûreté. Cette Laconique ſemonce eſt bien humiliante pour quiconque veut trancher du Pe- tit-Miniſtre.

dre criminel en m'éloignant du double & pouffant jufqu'à Londres. Au refte, fi j'ai mal fait, je paffe condamnation, & me foumets volontiers à l'Oftracif-me, en attendant d'autant plus paifible-ment mon rappel, que je me trouve bien par-tout, hormis en prifon. Tous les Pays me font égaux, pourvu que j'y jouiffe en liberté de la clarté des Cieux, & que je puiffe entretenir con-venablement mon individu jufqu'à la fin de fon terme. Maître abfolu de mes volontés, & fouverainement indépen-dant, changeant de demeure, d'habi-tude, de climat, felon mon caprice, je tiens à tout & ne tiens à rien. Aujour-d'hui je fuis à Londres, peut-être dans fix mois ferai-je à Mofcou, à Peterf-bourg; que fais-je enfin? ce ne feroit pas miracle que je fuffe un jour à Ifpa-han ou à Pekin.

Je m'attens qu'une conduite & une façon de penfer auffi finguliéres m'at-tireront beaucoup plus de cenfeurs que

d'approbateurs; mais après m'être déclaré dès le commencement de cette
rapſodie, comme je l'ai fait ſur le chapitre des hommes, on peut bien juger
que leur blâme & leur ſuffrage me ſont
également indifférens. Qu'ils m'applaudiſſent, ou non, mon amour-propre n'en ſera ni flatté, ni humilié. L'eſtime des humains dépend de ſi peu de
choſe ; on l'aquiert & on la perd ſi aiſément, que l'aquiſition n'en vaut pas
les fraix, quelque médiocres qu'ils puiſſent être. Veut-on que je m'explique
d'une maniére plus affirmative ? je mé-
priſe trop les hommes pour ambition-
ner leur approbation & leurs applau-
diſſemens, permis à eux de me rendre
mépris pour mépris : je les y exhorte
même ; auſſi-bien y a-t'il long-tems que
j'ai choiſi pour ma Deviſe :

Contemni & contemnere. Dixi.

30.

www.ingramcontent.com/pod-product-compliance
Lightning Source LLC
Chambersburg PA
CBHW072239270326

41930CB00010B/2192